知书达礼

2小时学会礼仪
——献给"00后"的礼仪教程

Learning Etiquette in 2 Hours

陈思如 | 著

文化藝術出版社
Culture and Art Publishing House

图书在版编目（CIP）数据

2小时学会礼仪：献给"00后"的礼仪教程 / 陈思如著.
—北京：文化艺术出版社，2015.11
ISBN 978－7－5039－6062－8

Ⅰ.①2… Ⅱ.①陈… Ⅲ.①礼仪—教材
Ⅳ.① K891.26

中国版本图书馆CIP数据核字（2015）第262482号

2小时学会礼仪
——献给"00后"的礼仪教程

著　　者　陈思如
插　　画　陈妍
责任编辑　蔡宛若
装帧设计　姚雪媛
出版发行　文化艺术出版社
地　　址　北京市东城区东四八条52号（100700）
网　　址　www.whyscbs.com
电子邮箱　whysbooks@263.net
电　　话　（010）84057666（总编室）　84057667（办公室）
　　　　　　　　　　84057691—84057699（发行部）
传　　真　（010）84057660（总编室）　84057670（办公室）
　　　　　　　　　　84057690（发行部）
经　　销　新华书店
印　　刷　国英印务有限公司
版　　次　2015年11月第1版
印　　次　2015年11月第1次印刷
开　　本　880毫米×1230毫米　1/32
印　　张　5.5
字　　数　100千字
书　　号　ISBN 978－7－5039－6062－8
定　　价　25.00 元

自　序

　　我是一个出生于千禧年的新生代作家，在北京皇城根下长大。每年的寒暑假，父母都有计划地带我出国旅行，因此在我很小的时候，就关注到中外国民在礼仪素养方面的差距。从那时起，我就立志将来成为一名推动礼仪进步的社会工作者，为提升我国的国民礼仪素养而努力。

　　为了探究国民礼仪素养提升之道，我从小学阶段就开始系统地研究中国香港、台湾及新加坡等华人地区的社会礼仪进化过程，探讨相同传统文化背景下的祖国大陆如何借鉴其成功经验，快速提升亿万民众的礼仪素养。

　　我认为我们当前的首要任务是呼吁政府出面组织编制一套系统规范的国民礼仪教材，并把礼仪教育纳入国家基础教育课程，

以此来提高年轻人的礼仪素养。同时利用政府掌管的主流媒体，在一个时期内集中宣导礼仪规范，快速提升全体国民的礼仪素养。

为了吸引更多的人关注国民礼仪，我利用三年多的课余时间，撰写了这本面向"00后"的礼仪小读物，希望能抛砖引玉，吸引更多的年轻人关注礼仪、学习礼仪，共同推动我国的礼仪进步。

为了便于读者对照使用，本书按不同的礼仪使用场景分为十三章，简要介绍不同情境下的礼仪要点。

数月之后，我将暂时离开祖国赴美留学。感谢文化艺术出版社在我开启留学旅程之前，帮我编辑出版这本小读物。我会一路前行，争取早日学成归来，继续我的礼仪人生，也希望有更多的志同道合者与我联系，我的礼仪博客是：新浪微博"陈思如聊礼仪"。

目 录

CONTENTS

第一章

"00后"的礼仪准则

"熊"出没
——我是"00后"

都说我们"00后"是熊孩子！哼！

我们"00后"这一代出生在421家庭里，4个老人、1男1女是夫妻，就我1个娃，我是家中的No.1。

我们这一代的玩伴大多数都是独生子女，也都是"自由的灵魂"。

我们这一代的视界很小，全世界都集中在一个小小的电子屏幕上；我们这一代的视界又很大，天南海北不分国，上下千年不分段，电影电视不分级，"乱花渐欲迷人眼"的味道，有没有？

我们看似保护得很好，其实又很糟糕，脆弱和敏感常伴左右……这种性格好像天边的小乌云，不知何时就会悄悄出现，在事情不遂我意时，在老师批评时，在父母不给我买玩具时……

我们是"熊"孩子，这世界何尝不是一个培养"熊"的动物园呢？

但熊孩子不想野蛮生长，也有着自己的风度。

所谓风度，好似金钟罩、铁布衫，用来帮我们打怪兽、防御这个世界的糟糕事。

在我心中，属于我们"00后"的风度，就是在421家庭中的不蛮横，就是对玩伴的照顾心，就是电子屏幕里的自我约束，也是敏感脆弱时的深呼吸，就是对社会的善意和微笑。

好吧，在大人眼中，就算我们是熊孩子，我的风度会将我变成可爱的维尼熊。

小心！可爱的熊出没！

不做"熊"孩子
——"00后"的礼仪准则

　　我的家庭可以接受我的"熊"脾气，我的老师可以温柔地批评我的"熊"脾气，小伙伴可以纵容地说："没事，我们都一样！"

　　但"00后"毕竟要长大，如同哈利·波特终将从魔法学院毕业一样。

　　我想，"00后"也要有最起码的礼仪准则。

准则1　感恩和报答

　　因为我们从不担心有一天爷爷奶奶和爸爸妈妈会不爱我们，我们肆意挥霍他们的爱，虽然家族之爱是无私的，虽然我们这一代得到的太多，但我们不应该认为这一切是理所当然的，爱不是取之不尽用之不竭的资源。

　　体会到了家族的付出，我们起码要做到真心的感谢和尽其所能的报答。可能现在这报答只是一句"妈妈辛苦了"，但能量却不亚于原子弹的当量。

准则2　换位思考

没有兄弟姐妹相互厮打的人生，很难学会换个角度思考问题，我们的思考模式永远是围绕自己，小伙伴们都如我一般孤单地成长，喜欢用"我"的角度来思考问题，以"我"的便利为便利，"自由的灵魂"发生碰撞，不相融合。

换个角度看问题对我们而言非常重要。让我们的视角交换一下吧，会不会更加理解对方和更好地审视自己呢？

站在朋友的角度看问题，会看到不一样的自己。

准则3　看到别人的优点

我们孤独地长大，又恰好活在一片包容中，在爷爷奶奶眼中、在父母眼中从来都是"孩子自家的好"。"我是最好的，别人比不上我。"所谓一叶障目，大抵就是这个意思。

看到别人的优点，有助于我们更温柔地拥抱这个世界。

有点儿自恋的我们这一代，应该学会欣赏。

准则4　有话好好说

不隐瞒自己，不等于要埋怨他人，坦率并真诚地与人交往，是我们应对人与人之间关系的姿态。

　　我们这一代人打着直率的名义，自说自话的时候有很多，仔细想想看，如果照顾到对方的想法，表达的方式会不会就能更平和一些？尊重对方，就是要容许对方与自己的不同。也许你会说，我话说得难听，心却是好的。那么"有话好好说"不是更完美吗？

　　尊重应该是坦诚交流的起点。

准则5　关心

　　不要只关心自己，用爱自己的心去关心他人。关心身边人的需求，不要吝啬自己能够做到的事情，还有什么比温暖人心更加有意义的事情呢？

　　关心不是嘴上卖糖而已，你的真诚有多少，对方可以感受到。

第二章

家庭礼仪

认识我的亲戚

　　我们这一代，父母大都是独生子女，虽然亲戚不如从前那么多，但称呼还是得分得清楚才可以。想起了 APP 小咖秀里面的一段歌词：他大舅他二舅都是他舅……不知你们会不会被亲戚的称呼弄晕，反正我是晕倒过的。这里为大家整理出来一个详细的称呼，大家感受一下。

　　先从妈妈这边的亲戚说起——

直系亲属

妈妈的爷爷和外公——外曾祖父

妈妈的奶奶和外婆——外曾祖母

爸爸的爷爷和外公——曾祖父

爸爸的奶奶和外婆——曾祖母

爸爸的爸爸和妈妈——祖父、祖母，也叫爷爷、奶奶

妈妈的爸爸和妈妈——外公、外婆，也叫姥姥、姥爷

旁系血亲

虽然我们的父母大多是独生子女，但也会有少部分是多子女的家庭。

先从爸爸的兄弟姊妹说起——

爸爸的兄长——伯伯、伯父、大爷

伯伯的老婆——伯母、大妈、大娘

爸爸的弟弟——叔叔

叔叔的老婆——婶婶

伯父或叔叔的儿子或女儿——比我大的叫堂哥、堂姐，比我小的叫堂弟、堂妹

爸爸的姐姐和妹妹——姑姑、姑母

姑姑的丈夫——姑父

姑姑的儿子或者女儿——比我大的叫表哥、表姐，比我小的叫表弟、表妹

妈妈的兄弟姊妹都是怎么称呼的呢？

妈妈的兄弟——舅舅

舅舅的老婆——舅妈

妈妈的姐妹——姨妈

姨妈的丈夫——姨夫

舅舅或姨妈的小孩——比我大的叫表哥、表姐，比我小的叫表弟、表妹

如果遇到了妈妈的旁系血亲怎么称呼呢？比如妈妈的表姐、表哥、

堂哥和堂姐，我应该都称呼为表舅和表姨，这样的称呼跟其是否是妈妈的父系还是母系亲戚没关系。

同理，遇到爸爸的旁系血亲，比如爸爸的表姐、表哥、堂哥和堂姐，都要称为堂叔、姑姑。

当然，无论是爸爸还是妈妈的旁系血亲出现了，实在分不清，直接叫姑姑、姨妈、伯伯、叔叔，总不会错的。

尊称与谦称

　　虽然我们"00后"之间是很少讲起尊称和谦辞啦，可是基本常识还是要懂。尊称是对对方表示尊敬时的称呼，谦辞则是表达谦虚的用词，谦辞总是用在自己的身上。现在比较常用的尊称和谦辞不是特别多，可是对对方父母兄弟的尊称和提及自己父母亲戚所用到的谦辞如果搞混的话，还是会闹大笑话的。我梳理了一些比较常用的尊称和谦辞，总会有用得到的时候。

　　尊称对方的用词：

　　令尊——对方的爸爸

　　令堂——对方的妈妈

　　令郎——对方的儿子

　　令媛——对方的女儿

　　令兄——对方的哥哥

　　令妹——对方的妹妹

谦称自己家人的辞令：

家父——对人称自己的爸爸

家母——对人称自己的妈妈

家兄——对人称自己的哥哥

舍弟（妹）——对人称自己的弟弟（妹妹）

出必告，反必面

　　《礼记》是西汉戴圣对秦汉以前汉族礼仪著作加以辑录、编纂而成的书。在这本书的最前面的部分就提到关于如何做一个好子女的道理，可见在家做个好孩子这件事非常的重要，且古往今来都是与父母相处的基础准则。

　　《礼记·曲礼篇》中提到"凡为人子者，出必告，反必面……不登高，不临深……"

　　意思是作为一个孩子，对父母要做到出门的时候一定要告知去处，以免父母不知道自己的去向而牵挂担心。回来的时候也一定要当面告诉父母"我回来啦"！报个平安让父母安心。作为一个好孩子，无论是出于安全的考虑，还是要对父母负责，都不要去做危险的事情，不去危险的高处，不靠近幽深的水边。

　　好好地听父母的话，首先要从与父母的相处之道开始。

出门和回家

出门的时候，告诉父母自己去哪里，去见谁，大约几点钟回来，其实也是保护自己的办法。万一超出了预定的时间，及时跟父母通报，现在几乎人人都有手机，不能按时回家的时候跟父母打个电话，以免他们担心。

回家后也要正式地告知父母已经回家了，可能我们放学回家的时候爸妈还没有下班呢，打个电话或者留言给他们，可以让他们安心工作，不要担心自己。

远离危险

减少父母的担心是我们现在能做到的最容易又最体贴的事。

在外面玩的时候，要时时刻刻保护自己，不要轻易听信陌生人的话，不要到危险的地方玩，远离偏僻的小路和正在施工的现场，远离河湖，以免落水，变成落汤鸡尚是小事，若伤了残了，受苦的是自己，受累的是父母。

自己的事情自己做

　　无论父母多疼爱我们，总有一天，我们仍将独立生活不是？在这之前，自己的事情自己做，不但能够减轻父母的负担，还能够培养自立能力，为将来自己闯天下先蹚蹚路。

　　不要把自己的事情用撒娇、耍无赖的方式交给父母做。我们的父母大多都是双职工，每天要忙于工作，要照顾爷爷奶奶，要打理家务，还要管我们学习，他们不是孙悟空72变，也不是超人奥特曼，把他们累坏了，我们也没有好果子吃。

早睡早起身体好

不赖床、不拖延，按时起床、按时睡觉，吃饭香，身体好。生活规律，有助于塑造时间管理的观念。尤其是早晨不赖床，不但避免自己上学迟到，还能避免父母因为送我们上学而上班迟到。

个人卫生

做好洗脸、刷牙、洗漱等个人卫生，不要等着父母来催，做个干净的小孩不是很好吗？

内衣裤和袜子等小物件，我们可以自己洗。当你知道洗一件小东西都不是一桩简单的事情时，就会珍惜妈妈洗外衣外套的劳动成果了，就再也不会"可劲儿造"了。再说，小内内这种东西自己洗又干净又妥帖。

学习那些事儿

做作业和看书，不要让父母跟着屁股后面催。学习是为了自己，这可不是父母的事情，不要把自己的事情推给父母。现在学校老师常常把要布置的作业、要准备的东西发到父母的手机上，其实我觉得对我们自己没有什么好处。虽然这样的通报肯定可以让我们很稳妥地完成布置的东西，但父母不应该成为我们的"秘书"，未来的世界，终将由我们自己闯荡，父母可以帮助我们到何时呢？

学校布置的任务，不要让父母想在我们前面，应该自己整理思路后寻求父母的帮助。比如请父母付钱（这个没办法，因为我们是穷光蛋啊），请父母有空的时候陪同我们一起去购物，遇到需要父母一同完成的作业，请求父母帮助，这些要提前讲，让父母有个准备。

注意：我们的作业不是父母一定要配合的，他们的配合是因为爱，但我们不能因为爱而放肆，所以要请求帮助哦，这个是姿态问题。

力所能及的家务

　　还是那句话，我们的父母多是夹在老人和孩子之间的夹心饼干，加上工作压力很大，所以不要让他们心烦是最基本的，有条件的话还应该帮他们分担，自己的爹娘，自己不心疼谁心疼？可以先学会打扫自己的房间，然后再分摊公共区域的清洁工作，比如客厅、书房、卫生间的打扫。其次，吃饭时，端菜盛饭和饭后洗碗。这些都不是难的事情，难得的在于我们这份心，做一点力所能及的事情，博父母一笑，缓解一下他们的压力也是很好的。这就是"winwin（双赢）"啊！

　　出门上学，顺手把家里的垃圾带出去，轻轻松松，是举手之劳，总之，我们是家中的一分子，不是蛮横的太子爷和小公主！

父母吵架的应对

都说孩子天生就是父母关系的润滑剂，再相亲相爱的父母也会有摩擦的时候。尽管父母一般不会当着我们的面吵架，但是一旦"冷战"起来，家里就会有一种气氛，叫做"零下的尴尬"。

不参与战争

作为一个孩子，不要参与到父母的争吵中去，大人的世界不是我们能懂的。千万不要选站队伍，比如女孩子都喜欢跟妈妈一伙儿，男孩子可能喜欢跟爸爸一伙儿，分帮结派是不是听起来很幼稚？千万不要以为自己站在"正义"的一方，父母之间的争吵可能永远没有对错，我们的站队总会伤害另外一个人的心。在火药味很浓的时候，不参与到其中是灭火的最佳方式。

"战后调停"

哈哈，是不是很好笑？在父母吵架冷战时，我们可以成为"外交家"。我们的杀手锏有卖萌、装可怜以及安慰。

我们要缓和家中冷凝的气氛，比如单独安抚都有些受伤的父母，比如组织一些一家人可以参与的事情，合适的时间里，拿出自己的才艺，夫妻没有隔夜仇，用一些活泼的方式缓和了家里的气氛，可以为父母缓解紧张气氛发挥好的作用。

闭嘴，不做传声筒

最重要的事情是，不要把父母的事情告诉长辈或者其他人，"家丑不可外扬"嘛，让时间把大事化小，小事化无。告诉爷爷奶奶后，有了更多人的参与，不但让其他人跟着担心，也有可能产生"次生灾害"。父母是成年人，有成熟地处理好问题的能力，相信他们。

处理与父母间的矛盾

我们年纪虽小，也有自己独立的思考，自然偶尔也会与父母产生矛盾，有可能是因为误解，有可能是父母的专制作风作祟，当然，也会有我们的小固执和小脾气。没有永远都讲道理的小孩，就如同没有永远讲道理的父母一样。和睦的家庭里也允许有一点"误差"啦，没关系，常常"校准"就好！

父母会错

《礼记·内则篇》曾提到过关于处理子女与父母矛盾的做法，我觉得还挺有借鉴意义的。内文提到：父母有过，下气怡色柔声以谏，谏若不入，起敬起孝，说则复谏。

这段描述大致的意思是说，父母有过错的话，要语气温和，款款谏言，即使父母固执地不听你劝，也要尊敬他们，孝顺有礼地面对他们。

过段时间再找个合适的机会劝说他们。

　　对我们而言，据理力争固然重要，但为人子女，处理与父母的矛盾，要以"怡色柔声"和"起敬起孝"为重心，无论谁的对错都要和颜悦色并保持对父母的尊重，要讲究说服父母的方法。

　　切忌一点，不要搬出"后台"爷爷奶奶和外公外婆，这是非常不尊重父母的表现，矛盾的处理在于沟通和表达，而不是压制，搬出老人，无非是让父母服从于"强权"嘛。

我也会错

　　"00后"的我们不也是经常犯错的吗？最大的就是现在应该正犯着"中二病"（"中二"是日语对"初中二年级"的称呼，"中二病"就是初二年级学生的某些病态的自我意识）。犯错要横有没有？比如摔门而出、扔东西撒脾气或者对父母大吼大叫说出严重不礼貌的话！

与父母争吵过后，又常常会后悔对父母的不尊敬。尽管事后发现了自己的错误，也不要因为不好意思就得过且过，正面突破，主动向父母道歉，这是正确的态度。不躲避犯错后的责任，长大以后，这会变成有担当和负责的优点。

解"结"高手

大多数与父母之间的矛盾都没什么对错之分，常常都是误解造成的。及时消除误解是非常要紧的，不要"一脸抹不开的肉"，要会解释，不管与父母间的误解是如何造成的，作为晚辈，要主动"破冰"，找父母谈谈，表达自己的歉意，也可以用写信的方式沟通自己的想法，尽管如今都盛行打字，但为表示自己的真诚，可以给父母亲笔写封信，这是沟通的绝杀技，基本上一招就将父母的怒气消解于无形，转化为绵绵爱意。

每次的矛盾都可能是一个加深情感的契机，不要吝啬沟通与表达，不要在父母和自己之间筑起城墙。

第三章

跟父母的朋友相处

都说"00后"只有在路遇陌生人、初次见老师、家中来亲戚的时候才会表现得静若处子，在其他时候都犹如脱兔一般。这章就来谈谈如何跟父母的朋友和亲戚相处，谈谈如何"装"成一个文静、好学的"别人家"的孩子，谈谈待客之道。

客人来访

迎接客人的准备

一般父母在家中招待客人，都会先将家中打理一番，并准备一些茶点供客人食用。身为家中一分子，可以一起和父母参与家务劳动，了解客人的基本情况，以避免无意中交谈使客人尴尬。

客人来时

客人到访，作为家中一分子，留在房间里忙自己的事情是十分不礼貌的，要迅速放下手中的事情。怎样算是"迅速"？应该像条件反射一般，犹如独自在家时听到父母按门铃后你关掉偷偷打开的电视电脑时一样干脆利落。

迎进门，最先就是打招呼，叔叔阿姨要叫得响亮，看着明明应该叫

阿姨的美女，最好改口叫姐姐，再夸夸人家年轻漂亮。招呼打好，是顺利迎客的第一步。当然，如果客人带礼物来，一定要双手接过并表示感谢。

做好服务员

父母邀请客人入座时，别闲着，勤快一些，给大家倒杯水、泡个茶，要有服务意识。把家里的客人当成顾客，顾客就是上帝，以三段论来说，客人就是上帝哪！端茶送水要投其所好，跟他们都不熟，如何投其所好呢？鼻子下面是嘴，不知道就要询问，询问也有几种技巧：

A. 建议型：家中有新茶，喝绿茶可以吗？

B. 选择型：家中有绿茶、咖啡、果汁，大家想喝些什么？

中国人喜欢客气客气，客人们面对你的询问常常会回答说"不必客气"，这时，一杯茶水或许是最好的选择哦。

善意的谎言

大人们聊天，自然并不适合我们一直杵在那里听下去。一来是作为学生的我们，一直"掺和"在大人中间有"不务正业"之嫌；二来是万一他们又聊到了"别人家"的孩子（人家孩子又考了第一名！谁谁家的孩子又参加了什么全国比赛……），自己坐在那里会有些尴尬，颇有惹祸上身之势。

此时，善意的"那什么"就要登场了！"叔叔阿姨，你们慢慢聊，我要去做作业了！"可以算作是最佳离场说辞了呢！大人们口中一定会有"快去忙吧！学习要紧"这样的说法，或许还会有"你们家孩子真爱学习啊"这样的"大礼包"送给你的爸爸妈妈呢。在客人们的一片赞誉声中离场，留下一抹好学的印象。

善意的"那什么"究竟是回到房间里真的看书学习，还是如谎言一样回房打游戏上网，这就看自己了！尽情地享受只属于你的人生！

客人告别时

　　听到客人要走时，要赶快放下手中的事情，同父母一同热情挽留客人："叔叔阿姨，这么快就走啦！下次再来啊！"送人送到电梯口或者楼下，一定要依依不舍保持目送挥手的姿势，直至客人离去，这才"功德圆满"。

　　送别，在中国也是一门学问，要知道梁山伯祝英台可是十八里相送，你送我来我送你。送别体现了人与人之间深厚的感情。现在社会流行的文艺青年的那种很酷的"你走，我不送你；你来，我要去接你"是不适用于对长辈的送别的。

随父母拜访

跟着父母见他们的朋友与在家中迎接宾客所要做的事情很相似，要打好招呼，礼貌交谈，长辈相聚时要学会自己打发时间，道别时应该注意礼节。

打招呼

路遇长，疾趋揖，长无言，退恭立。

这句话的意思是在路上遇到了长辈，要快步走过去行礼打招呼，长辈要是没有吩咐了，则可退到一旁恭敬地站好。跟父母的朋友见面，要随着父母的介绍主动打招呼行礼。

交谈

如果父母的朋友主动问话，要有问必答。

尽量避免用"哦"、"嗯"等简短随意的词语，而是使用"是的"、"好的"这样正式且肯定的回答。

交谈时，不要摇头晃脑，心不在焉，即便遇到大人们的调侃和玩笑话，也不要发脾气、撒泼和反击，特殊情况可以用眼神向父母求助。

跟长辈讲话，切忌双手抱前。这个姿势非常像长辈训话晚辈的姿势，小孩子使用会显得行为轻浮。

学会自己打发时间

父母与他们的朋友相聚，自然有他们的话题，并不会始终围着自己转，在他们的交谈之外，自己一个人要学会打发时间，既可以在一旁静坐保持微笑，也可以向父母请示，比如："我可以到书房去看看书吗？""我可以到一旁玩一会儿吗？"如果是在父母的朋友家里做客，可以向父母及请客的长辈请求是否有适宜自己做的事情，如果被允许，可以保持安静地做被允许的事情，切忌喧哗和催促父母离开。

道别

道别时，和打招呼时类似，要表示对父母的朋友的感谢，向他们一一告别并表示期待下次见面，随父母离开后仍可以回头示意表示再见。

第四章

跟朋友见面

朋友是我们一路成长中的最宝贵的财产，周末或者放假的时候，约出来见见、聊聊，不但能放松自己，还可以增进感情。

　　即便是朋友，也应该遵守礼仪，有句话说，礼仪是人与人之间最好的距离。见面选择合适的时间、地点，选择得体的着装是愉快见面的第一步。

邀约
——做一个合格的组织者

　　几个朋友见面，一定会有一个组织者，这个角色很特别，直接决定了朋友间的见面质量。作为组织者，要做好以下几个准备：

　　A. 确定见面的对象

　　见一个朋友时比较轻松容易，只需要朋友间联系一下确定时间、地点就可以了。如果是组织几个小伙伴见面，就需要费心思了。虽然都是互相认识的朋友，但不代表他们之间就是特别想见面的。排查想要见面的小伙伴之间有没有尴尬的关系，关系不是很和谐的朋友，可以避开，分别见面。向大家邀约的时候，告知对方你打算约出来见面的对象，愉快地见面，首要就是要消除不便。

　　B. 合适的时间

　　如果见面的朋友已经确定了，可以建立一个 QQ 群讨论组或者是微信群，可以省去一一联系的麻烦，大家可以一起确定合适的时间。当然，人多口杂的时候，组织者一定要有决断性，可以先提出一个建议性的时

间，大家讨论，遇到朋友时间不合理的时候，可以在聊天组里引导朋友提出一个自己合适的时间建议。

讨论好的时候，一定当即做决定，如果有时间实在对不上的小伙伴，可以表示遗憾，并表示找机会再见。不要在无法决定时再换时间讨论，有时候，做决定跟打仗是一样的——一鼓作气，再而衰，三而竭，为了美好的见面才约时间，但因为时间没有定下来就不断讨论会令小伙伴们反感，甚至失去兴致的。

如果不是需要出去一整天的活动，只是吃饭或者喝饮品，尽量不要约在上午时间，同时也应该看好天气，避开风雨，如果遇到天气差，可以根据大家的情况，临时取消见面并约定下次见面的时间。

C. 地点的正确答案

一起出行或者平时轻松的见面，大家碰头的地点很重要，最好是不让大人担心的地方（比如避开跋山涉水），同时也无需大人接送给家长添麻烦的地方。

地点也可以与朋友们一起讨论，但是自己要提前做好准备工作。大致了解朋友们居住的区位，找到大家都比较方便的见面地点。比如公交或地铁可以直达，地点比较容易找到、场合适合我们未成年人见面，以及有特点的地方都是不错的选择。

选择地点与确定时间的方法差不多，既要尊重朋友们的意见，又要保持决断力。

温馨提醒

作为组织者，要提醒大家一些见面的事项。

比如约见在滑冰场一起滑冰，就应该提醒伙伴们场所比较凉，大家多加衣服。比如户外活动，要注意天气，有雨便提醒大家带伞，天热提示大家注意防晒。

一些特殊的场合，比如正式的环境场所，要提示大家衣着打扮和行为举止。

还有，假如买单是ＡＡ制，要提前做出说明，并提示大家消费额度。

应对爽约的姿态

万事俱备，只差见面，有朋友临时爽约，不要发脾气。临时失约，必有原因，要询问原因，表示理解的同时也要表达遗憾；如果朋友是因

为家里出事或生病不能见面，要表示慰问。

心很大，才能跟朋友长久相处，切忌不要表示出咄咄逼人的气势，朋友是平等的！与此同时，也应该尽早通报其他朋友，保持大家消息更新速度一致！

应约
——做一个完美的应邀者

有朋友约自己，如果表示参加，"配合"就成为了核心词，要积极响应组织者的建议。

A. 不对其他朋友表达过多的意见

虽然互相都是朋友，但是关系有亲疏，可能也有与自己并不合拍的朋友，但是不合拍的朋友加入，并不影响愉快的见面，给自己和对方多多接触的机会，可以加深认识。不要向组织者强加自己的观点，令对方尴尬。

B. 对时间、地点的确定给予答复

见面的时间、地点未必一定合适，如果自己的时间、地点对不上的话，可以即时表达自己的意见，并提出自己的建议；如果大多数的朋友都可以约见，而只有自己实在无法脱身，没有办法参与，为了不影响大家，可以提出改期见面，态度一定要真诚，不要让大家感觉是自己在闹情绪。

C. 确定一些基本情况

时间、地点确定以后，为了保证不出纰漏，可以再向组织者确认有没有需要准备的事项，比如着装和行为举止，如果是约在朋友家中，可以为准备见面礼而向邀约者确定家庭成员状况和组织者的需求与喜好，不要失礼。

失约者的姿态

如果临时不能够参加聚会，一定要提前通知朋友们，并说明自己的事由，对自己的失约再三表示道歉。朋友间最重要的是说话算话和信任，虽然失约可能非我所愿，但要避免朋友们的误解，再三表达道歉的过程中，朋友们一定会感受到你的真诚和歉意，小小的细节可以补救朋友们间的信任关系。同时，自己不能参与，也要祝愿大家玩得愉快。朋友见面后也可以询问大家见面的细节，并再次表达自己的遗憾。

见面的着装

朋友见面，自然不必过于约束，符合自己的年龄和见面的主题即可。

根据见面活动的内容，选择合适的着装。比如大家约出去运动，穿着休闲装，脚踩运动鞋自然是最佳着装。参与动作幅度比较大的运动，女孩子尽量避免穿裙子出行。

因为"00后"尚未成年，没有特殊情况，朋友见面切忌浓妆艳抹和夸张首饰，做个安静、整洁的"小鲜肉"和"小鲜花"吧，稚嫩脸庞上的"胶原蛋白"就是最美的修饰！

买单的魅力

在没有提前说明的情况下，组织者会成为买单的人，常常见面的朋友，圈子比较固定，大家轮流请客不失为一个好办法。

但我们都还是"啃老"的穷光蛋，建议我们这个年龄选择"AA 制"更加有魅力。在见面前决定好买单的方式。现在付款的方式也很方便，可以借助手机支付完成"AA 制"的付款，也可以在见面时将大致的消费金额交由组织者，大家共同建立一个小金库也是不错的选择。

第五章

"我们家"的规矩

421不是一个数字，而是4个老人，一对独生子女夫妻，一个独生子女的家庭结构。"00后"就是在这样的家庭里被捧在手心上长大的。吃的东西、用的东西，都是以我们为中心，对我们而言，这是对的吗？

　　行星围着太阳转，可太阳并不是宇宙的中心。

　　与家人在一起，自然也有家里的规矩。

饭前该做的事

与家人在一起，最大的乐趣在于参与和分享。

妈妈在厨房烧菜，我要参与进来，尽管我是一个孩子，可是力所能及的事情还是要做的。比如帮妈妈递盛菜的盘子、端菜上桌、盛饭和摆放餐具，召唤家人过来吃饭也是非常好的选择。在选择做这些事情前，首先要询问妈妈是否需要帮忙。

（1）盛菜与端菜

递盛菜的盘子和端菜上桌也是有很多细节的呢，妈妈在烧菜，作为晚辈的我总不能单手端着吧？菜是要吃进嘴里的，我的手总不能污染食物吧？递过去的时候，要手掌向上，托住盘子，双手大拇指托住盘子的边沿，妈妈盛好菜端过来的时候，再用同样的方法端回来。如果很烫，可以戴隔热手套。

重要的是，千万不要把手指头插到菜里！

（2）请亲们用餐

招呼家人上桌吃饭也是一项技术活。"传声筒"这样的角色最适合我们"00后"，选择好的 Timing 让家人聚到一起吃饭，一方面不会让饿着肚子的人傻等着，另一方面也是对家中大厨的尊重。辛苦做好一餐饭，结果发现没有人捧场，大厨的心情肯定不会好。虽然在家里大喊一声："吃饭啦！"就可以了，但是走到房间，面对面地家人说：'妈妈做了一桌好饭，可以开动啦！'这样是不是让自己更加有礼貌些呢？在长辈的眼里，自己会不会更可爱些呢？

还有一点非常重要，请他们用餐并不是催促他们来用餐！语气很关键！

筷子的摆放

有一回，吃饭的时候有些口渴，为了方便，我直接把筷子插进了米饭里，爷爷笑着说："要是我小时候也这样放筷子，会被爷爷的爸爸揍的。""为什么？""因为啊……"

原来给筷子找个合适的位置也很有学问。听完爷爷说的话，我觉得爷爷笑着说这些真是太纵容我了。

（1）摆放筷子

一家人用餐，切忌拿出一把筷子往桌上一扔。虽然扔筷子的动作好像很帅气（好像赌神下注的感觉），但是家人看起来就很糟糕，显得自己的态度很随意，甚至好像有脾气，而且每个人在桌上拿散落的筷子也非常不方便。好的方法是将筷子一双双整齐地摆放在餐具的右手边，夹菜的部分朝内，两根筷子保持肩并肩的队形。如果家人已经落座，也可以将筷子理顺齐整后，一双双地亲手递给家人，根据长幼确定分发顺序，分发时不要用手拿到夹菜的部分。

（2）不要这样对待筷子

假如我是一双筷子，我会有怎样的情感？

A. 我不是敲打工具

既然碗不是鼓，我就不是鼓槌啊，等待吃饭的时候，用我不断地敲打碗边，叮叮叮、咣咣咣……很好听吗？为什么我会觉得主人不是家中的小太阳，而是街边乞讨的小乞丐呢？

B. I'm from China

虽然那些外国刀叉交叉在一起摆成十字形的时候是在等下一道菜，可是我来自中国哦，让我的脑袋躺在我自己的腿上，我会很难受的。再说了，人家都在好好坐着的时候，你把自己的脑袋搁在自己的大腿上，你难看不难看？哼！

C. 我不是祭祀的那炷香

把我插在饭碗里是什么意思？上香吗？你打算祭祀谁，你咒谁呢？

把我放在碗上面又是什么意思？只有尊重民俗拜祭神仙的时候才把人家放在碗上，你人当够了打算当神吗？你是咒自己呢，还是咒自己呢？

原来筷子也有很多的想法啊，听完它讲了自己受到的不公平对待，我终于理解了爷爷说的话，原来把筷子插在米饭里，对长辈真的是大不敬啊。

我的位置

跟家人一起用餐，我坐在哪里好呢？小时候不懂事，哪里摆着好吃的就坐哪里。跟爷爷奶奶一块的时候，他们也总让我坐在中间。其实这样是不对的。

家人之间也有礼仪，吃饭的位置座次表达的是一种尊敬。一般情况下，可以找几个参照物来确定自己的位置。

（1）门在哪里

看过清宫戏吗？正大光明殿里，皇帝都是朝门坐的，所以朝门的位子是尊位。相反，背靠门的位置便是合适我们坐的位置了。爷爷奶奶适合坐在面对门的位置，爸爸妈妈其次，我最小，理所应当坐在最下的位置。

（2）爷爷坐哪里

如果是个长方形桌子，家里又是开放式的餐厅，不好依照门的位置做参考，并且家里人少，没必要坐得分散，那么可以考虑以家中最大的长辈的位置做参考。

爷爷若是坐在长桌窄边的最中间，那么他左手边最远的位置就属于我。

（3）最方便服务的位置

每次上菜的时候，总是会干扰坐在附近的人用餐，一般情况下，上菜的位置为最下，换个角度讲，方便服务的位置也总是如此，比如离厨房最近的位置，以就近原则帮人递碗筷或者帮忙拿酱油醋一类的物品。可以帮忙跑腿的位置，我们小孩坐在那里也很合适。

（4）紧随父母

随父母外出用餐的时候，我的位置会与平时在家略有不同，一个孩子跟着父母出去用餐，桌边可能会有一些不便需要父母给予指导或提供方便，这种情况下，紧随父母坐在他们的身边而又相对远离主座的位置，最合适我们了。

桌边的禁忌

喜欢就会放肆，但爱就是克制。怎么想起了这句话？套用这句话就是乱吃就会放肆，但礼貌用餐就要克制。无规矩不成方圆，饭桌边的讲究有很多。不知道这些桌边的禁忌，用餐的时候难免会看起来很粗鲁。

长辈优先

很多礼仪都是父母躬身亲行示范给我们的。我有个朋友小 A，吃饭的时候从来不关心谁坐在桌边，只管自己吃，只吃自己喜欢的。我有点反感，因为我的家里，常常教我要长辈优先。

跟长辈一起用餐，最重要的就是敬老。

（1）不要让长辈等自己。我们这一代是被 LED 控制的一代，抽空要玩手机、看电视，恨不得上厕所都要拿着手机，吃饭前夕，抽个空玩游

戏，有时大人叫吃饭，我们常常习惯性地喊："马上！""一会儿就好！"其实总是嘴先行，慢行动。让长辈等待是非常不礼貌的行为。

（2）请长辈入座，为长辈盛饭盛汤，照顾长辈的吃食。遇到长辈为自己递餐具，要双手接过表示感谢。

（3）长辈动筷子夹菜前，自己不要自顾自地吃起来。即便自己很饿，也不急于这一时，饭总是能吃到嘴里，但好的习惯却是要日积月累慢慢养成。

（4）吃完饭不要走开，长辈没有结束用餐，我们最好不要先离开，遇到实在不得已的时候，应该说明情况请求谅解，并说"您慢用"。

食不语

　　孔子说："食不语，寝不言。"要求无论何时何地都应该用礼仪约束自己的行为。我们这一代鲜少有兄弟姐妹，难得吃个饭，肯定像个小话痨一样地跟爷爷奶奶爸爸妈妈说个没完，哎，这是一种非常不符合孔子认为的君子的行为。

　　边吃边说还有很不好的效果。一张嘴，一边吃一边说，嘴也会很烦的，嘿嘿。吃饭的时候不停叨叨，容易呛到不说，还很容易喷饭！电视里常常演到别人不停地说，说到最后被噎到……还有就是说的人讲到了让对方震惊的话，结果对方喷了他一脸……

　　当然，这是一种夸张的表演手法，但无论如何，吃饭说话除了不礼貌，还非常的不卫生，想想饭桌上吐沫横飞的壮观场面就……

　　食不语，孔子说得太对了！

夹菜的艺术

吃个饭好累！处处有讲究！

可是当行为约束到自成习惯时，就会感受到很多便利了，利人也利己。

我们几个小伙伴吃饭时，总有人筷子伸到我的鼻尖下，让我的心理上有种领土被人侵犯的感觉。

我的地盘我做主！盘子里的菜，也是有"领土管制范围"的！

这就涉及夹菜

的艺术，好似国际社会解决领土争端问题和捍卫主权完整一样。

第一，不侵略！

吃自己面前的东西。无论是圆桌还是方桌，每一盘菜都有离自己最近的一个角度，夹菜的时候，就夹离自己最近的部分，"翻山越岭"地去夹其他方位的美食，就是"侵略"行为。再想吃的菜，也还是要克制，要尊重每一位和自己一起吃饭的人的"领土"，尤其是邻居。

第二，注意"领空"！

假设你和对方都互相想吃离对方最近的一盘菜，假如对方先夹菜了，自己的手千万不要跨过人家的筷子去夹自己想吃的菜。夹菜的艺术之二，"领空"管制，要排队而行，否则不小心将菜的汁液滴到对方手上，不礼貌、不卫生！

第三，不做地鼠！

有时候，确实在吃属于自己"一亩三分地"的菜肴，但实际上却是在打洞，朝着好吃的菜深挖再深挖，当然可以夹到好吃的，假如自己看见别人这样吃菜，还有胃口吗？夹菜的时候不要要心机哦，吃饭的时候，也可以看出一个人是否堂堂正正。

第四，风吹抖抖……

从前有一种鸟，叫做"风吹抖抖鸟"，据说是一个织女化身的，纺纱的时候，借着风吹，用手抖一抖可以理好手中的纱线……

扯远了，我也看见过有人在饭桌边的风吹抖抖。夹菜的时候，从来不会一次性夹回盘中，总是夹了放下，放下夹起来，不断地翻着菜，甚至吹一吹又将筷子上的菜放回菜盘里，每到这个时候，我总会想起风吹抖抖鸟的故事，感觉这个人不是在吃菜，好像在纺纱，只是，这样脏不脏？

脑补一下这样的场面，你还吃得下饭吗？……

所以，反复提醒自己，这样的事情不要做，风吹抖抖这样的行为，还是纺纱的时候用比较好，或者在妈妈打毛衣的时候，帮忙缠毛线的时候做也不错。

无处安放的手

正在吃饭的你，手是如何分工的呢？我猜大多数的小孩都是这样安排的：拿筷子的手和神游的手。那只神游的手在意兴阑珊时会拄着脑袋，在兴高采烈时会挥动舞蹈，在安静的时候，大概就藏在桌子下方，而在百无聊赖的时候就会拉着胳膊瘫倒在饭桌上……

坏例子VS好例子

振作精神！

看着拿着筷子的那个双胞胎兄弟，神游的这只小手是不是太邋遢了？而这只手的小主人也太放纵它了！

首先，无论是拉着脑袋还是瘫倒在桌边，整个人的姿势都会非常不雅观，吃饭的时候姿势要端正，端正的姿势可以示人一种好的精神状态，大多数的人一定不喜欢与没精打采的人吃饭。

其次，给这只神游的小手找点事做吧，有礼貌的姿势就是端着碗吃饭，左手拇指扶碗沿，其余四指托碗底，胳膊肘自然向下，右手夹菜，试试看，姿势会不会很优雅，有没有一丝民国贵族范儿？

如何把饭菜送进嘴里

要有吃相。把饭菜吃进肚里，优雅的。

保持干净。满头大汗、衣衫不整、满嘴流油、狼吞虎咽是野蛮人的作风，有风度的小孩吃东西应当细嚼慢咽，小心汤汁弄到自己的身上，保持整洁干净是最基本的礼仪，如果遇到汤汁比较多的菜肴，一手用筷子，一手用勺子接着以避免汁液滴落。

吧唧吧唧，发出小狗喝水的声音，是非常不礼貌的行为。边吃边说话也是坏习惯，改掉这些坏毛病，安静并愉快地吃东西，做一个优雅的小吃货吧。

喜欢不喜欢

有句话说，己所不欲，勿施于人。一般吃饭的时候，注重礼貌的大人们都会很克制地为对方布菜，一般都是建议对方品尝，不会刻意将菜肴夹在对方的碗中。可是他们对我们这些小孩就会常常忘记这些事情，所以有时候，跟家人也好，跟着爸妈去亲戚朋友家也好，总会遇到一些麻烦事，比如不喜欢吃的东西被夹到了碗中，吃还是不吃，当面拒绝对方的好意还是勉强自己吃下去呢？又比如遇到了自己很喜欢的菜，是不是可以一直吃下去呢？

美食的喜欢不喜欢

我要吃

电视节目中有演过如何训练小狗的场景，拿着小狗最喜欢吃的东西，每当小狗想冲到前面来的时候，主人会说："坐下！"尽管一万个不

愿意，小狗还是会乖乖等待，因为只有听从命令才能得到想要的。

想吃就要克制。

礼仪的培养也差不多，只不过自己既是狗狗，又是主人，我们的行为由我们自己来克制。

遇到喜欢吃的菜，一筷又一筷停不下来，是缺乏最起码的克制。想想看，自己喜欢的菜是不是其他人喜欢的呢？在家里，大人们总是把好吃的留给自己，而自己有没有关心过其他人的喜好呢？如果心中有了答案，下次遇到喜欢的菜肴，请不要频繁且过分地盯着一道菜吃，一般一盘菜你所取的菜量与一桌的就餐人数有关。如果四人就餐，那就是不超过四分之一。

我不要吃

放在自己面前的恰好是自己最讨厌的一道菜，比如不喜欢臭味食物的小孩面前正好摆着一盘臭豆腐……

呃呃呃……

"我不要吃！"

最直白的反感是最糟糕的表达。

遇到不喜欢的食物，先收起自己嫌弃的表情，这是对食物和厨师以及主人的尊重，如果遇到了因为气味容易引起生理反应的食物，可以向大人们表达歉意，说明情况，恳请大人们将菜肴换一个离自己较远的位置。但是千万不要因为自己不吃，就大声嚷嚷把菜端走，萝卜白菜各有所爱，尊重其他人的喜好，不做餐桌上的小霸王。

夹菜的喜欢不喜欢

见大人，两件事——笑笑笑和吃吃吃。

随父母见亲朋好友，总少不了被大人们照顾，饭桌上常常给我夹菜，其实这是个甜蜜的负担。夹菜的量多量少跟小孩的可爱程度成正比。

如果运气比较好，大人夹来的菜恰好是喜欢的，那还好，默默地吃就可以了，但是记住，一定要细嚼慢咽，快速地吃完只会引来另一番的夹菜高峰期。如果运气比较差，遇到的菜恰好是不喜欢吃或者根本不吃的，请不要立即拒绝对方的好意，尤其是大人已经将菜肴夹到你面前，你却直接拒绝接受，这是非常非常不礼貌的事情，不但让自己显得非常不得体，也会使大人尴尬。比较好的做法是，微笑接受，适当品尝，给予善意的反馈，如果遇到实在无法进食的情况（过敏或生理排斥），可以悄悄向身边的父母求助，请他们帮你解决掉食物。

特殊的吃食

火 锅

吃火锅的气氛总是热火朝天又放松愉悦的，似乎没有过多的礼仪规范，其实作为一种特殊的饮食，吃火锅根据其品尝过程的特点，也有一些需要注意的地方。

A. 衣衫得体，不要因为就餐环境可能会比较热，就穿着短裤，踩着拖鞋，甚至男孩子吃到一半就脱光膀子，正太和萌妹子的形象要保住！

B. 吃火锅的时候，可以根据自己的喜爱下菜，但菜品不要下得太多，既要照顾自己的口味，也要考虑别人的感受，同时，需要涮着吃的食物不要一次性扔到锅里，要尊重别人的饮食喜好。

C. 不要抢着吃，有种说法是，很多人一起吃，想吃煮熟食物的人往往会饿肚子。吃火锅不要心急，不要为了吃到自己想吃的东西就不考虑别人的感受，待食物煮熟不但会比较卫生安全，也能体现自己良好的修

养。不要看着碗里的，想着锅里的，要把盘中的食物吃完，再去锅里捞其他食物，不要表现得如同抢占份额一样的心急火燎。

D. 使用公筷和公勺，一次性夹不起来的食物，不要反复尝试，可以直接使用漏勺，但用漏勺在锅里不断地"打捞"食物表现出势在必得的决心，反而给人一种粗鲁的印象。

E. 将食物放在自己的盘中待温度适宜时再放进嘴里，不要急得呼呼地吹气，呼呼地下嘴，这样做一方面是吃相难看，不够礼貌，另一方面是吸食过热的食物也会伤害消化系统。最糟糕的情形就是将吃进去的东西吐出来（由于食物没有煮熟或者过热），万一遇到这种情况，请尽量用手或餐巾遮掩，将食物放置到装骨头和刺的餐盘中。

F. 吃得太热烈，难免会很饱，打个饱嗝也是意料之中，但是请不要对着人打饱嗝，这样不卫生，还显得很邋遢。同时，吃火锅易出汗，请

勿用餐巾来擦脸。餐巾的功用是擦手和擦嘴的。

面条和汤

　　热气腾腾的食物难免容易吃得忘情，面条和汤就是可以让人失去理智的食物。食用面条和汤的时候，最忌讳发出嗖嗖的声响和摇头晃脑，保持吃面喝汤的节奏，面要一口一口吃，汤也要慢慢喝，不要猴急。

　　至于出汗以后的情形，跟吃火锅时需要注意的礼仪保持一致。吃面喝汤很容易出汗流鼻涕，尤其是擤鼻涕，不要在人前自毁形象。

鱼的禁忌

　　要注意一些特定的习俗，从前海边的渔民常出海打鱼，所以特别忌讳有人提到"翻"这样不吉利的词语，后来这个习俗慢慢普及到更多的家庭。吃鱼的时候，如果需要给鱼翻身吃另一面的时候，可以尽量使用"请把鱼'划'过来"这样的字眼，有些地方会使用"顺"、"正"等字眼。

　　吐鱼骨时不要直接用嘴将鱼刺吐到盛放鱼刺的盘子内，不但容易发出"呸呸"声响，鱼刺也常常会不受控制飞出容器，吐鱼骨鱼刺时要用筷子将鱼刺鱼骨夹放到容器中。

　　有些地方会对吃鱼的某些部位特别讲究，在一些地方的习俗中，鱼嘴、鱼眼睛是一家之主才可以享用的，所以出门做客的时候，要尽量避开这些部分，以免无意中冒犯他人。

饺子的讲究

　　饺子是中华传统美食，其形状很像元宝，也有象征财富的寓意，在北方，遇到大大小小的节日常常以包饺子吃饺子的形式来庆祝。有时煮饺子的时候会遇到肉馅露出的情况，看到盘中露馅的饺子，不要用饺子"破"了来形容，会有"破财"的忌讳，可以避而不谈或者用饺子"挣"了来表达"挣钱"的美好寓意。

　　吃饺子要蘸醋，如果遇到公用一盘醋的情况，不要先咬开肉馅再蘸醋，而应该先蘸醋再食用，以免自己吃过的食物污染公用的调味品，尤其是肉馅掉到了醋盘，那真的太倒人胃口了。

　　吃饺子要用筷子夹，切记不要用勺子，如果小孩使用筷子的"技艺不精"，可以请身边的大人帮忙。

鸡的吃法

　　鸡的哪个部分最好吃？鸡腿？翅膀？爪子？如果吃整鸡，这些大家都喜欢的部位恰好都是限量的，因此上菜后，作为小孩抢着要吃这些"限量版"部位会显得非常自私，最好让长辈先夹菜，或者是自己夹其他部位的肉食用。

　　根据地方习俗，很多动物及家禽类食物的头部都会被赋予一些特殊寓意，是主人才可以食用的部位，因此为避免冒犯和尴尬，去他人家做客时，应避让夹到容易被赋予含义的部分。

蘸酱的规则

　　家庭中食用的中餐很少进行分餐制，一些蘸酱类的作料常常是大家一起享用的，比如吃烤鸭时的甜面酱，为了保持卫生，在食用酱料时，应当避免用吃过的食物蘸酱，吃过的食物需要蘸酱时，可以用筷子夹一部分酱料放回盘中与食物一起享用。

有转盘的桌子

去餐厅吃饭，大圆桌一般都会有转盘。转盘切忌转得过快，要用手轻轻匀速地转动，遇到他人正在夹菜时，应该等待对方夹好后再旋转。

旋转时要保持一个方向，不要正逆时针交替旋转，导致他人不能吃

到较远的菜肴。

不要一直做那个旋转转盘的人，他人也有想要品尝的食物，要给他人旋转转盘的机会。

如果是随同父母会见朋友，作为一个小孩，最好不要轻易去转动转盘，有想吃的菜，请父母帮忙夹菜，能够体现自己更加良好的修养。

第六章

节日及礼物

现在，无论是中国的还是世界的，总有过不完的节日，有些事物的意义就是从节日的形式感中得到传承的。中国人讲究礼尚往来，仔细想想，如果我常常收到礼物，也会非常开心的。

　　节日虽好，礼物虽好，如果不是得当地庆祝，或者合理地收礼送礼，就会把好事做成坏事，因此有些细节还是要了解一下为好。

应当记住的节日和纪念日

需要记住的节日：

春节、元宵节、情人节、母亲节、清明节、五一劳动节、儿童节、父亲节、端午节、七夕、教师节、中秋节、十一国庆节、抗战胜利日、重阳节、冬至。

需要记住的纪念日：

长辈的生日、父母的结婚纪念日、好朋友的生日及跟家族有关的其他特殊节日。

节日的对象

　　对整个大家庭而言，春节、元宵节、五一劳动节、端午节、中秋节、十一国庆节，向全家问候是必不可少的；清明节、冬至是对家族故去的人表达哀思的节日，虽然不适宜问候，但也应大家庭一同度过并完成扫墓等仪式。

　　比较有针对性的节日是：

　　对父母，情人节、七夕、父母结婚纪念日和父母的生日，都应该向父母表达庆祝，情人节和七夕向父母表示庆祝是非常有爱的一种行为，可以提升家庭欢乐度。要不要做电灯泡，视父母的需要而定哦。

　　家中有老人的要格外注意啦，比如爷爷奶奶的生日、外公外婆的生日以及重阳节等，都应在当天或提前表示祝福，如果能送一些合心合意的礼物，定能得到老人们的喜爱。

　　亲近朋友的生日一定要放在心里，大家一起吃个蛋糕热闹一下，将会是未来美好的记忆。

　　对师长，教师节一定不要忘。当然，老师的生日如果表达庆祝之意，你一定会是个让老师喜欢的学生。

祝贺的方法

　　无论是节日还是纪念日，通过合适的方法和方式表达都能够促进相互情感的进一步融洽。对于大家庭而言，传统节日注重团聚的气氛，一般都会选择聚会见面的方式增加相互之间的交流，这个部分着重说说指向性比较强的节日和纪念日的庆祝方式。

得宜的方式

　　祝贺的方式一般采用见面、电话、短信等方式，见面自然是最好的方式，但是由于现在大家都很忙碌，特殊情况下，一通电话、一条短信都可以表达自己美好的祝愿。当然，三种方式组合的效果会加倍！

　　长辈、父母如果在同一个城市，生日的时候一定要见面表达庆祝，课业繁重的一天不可能一大早就去拜访，可以先通过电话的方式表达庆祝，而父母在身边则可以在清晨起床的时候就表达庆祝。清早向父母长辈表示庆祝并约好当天拜访庆祝的时间最为合适。如非特殊情况，不要只以短信表示庆祝，短信只能算是庆祝大礼包（见面和电话）的附赠品而已。重阳节、父亲节、母亲节基本遵循这样的方式。

其他亲戚和朋友的生日庆祝，是否见面要以朋友的安排为准，有很多朋友习惯与家人一同庆祝生日，因此表达见面庆祝的想法可能会给对方添麻烦，一般来说，用短信和电话的形式表达祝福并根据朋友的安排再来安排是否见面更加妥当。

情人节和七夕这类节日，如果父母想重温浪漫，也许会有所安排。作为他们的宝贝，不要给爸妈当电灯泡，表示庆祝即可，独立安排自己的时间，比如看看电影或用去看望外婆并留宿等方式留给父母放松的二人世界。

得宜的祝语

常规的生日祝贺针对不同年龄层的人有不同的说法。对爸妈的父母等年纪大的长辈，可以用表达长寿健康的吉祥话表示祝贺，比如"福如东海，寿比南山"。

对于年轻的父母来说，这样不是不可，而是有更好的选项，生日祝福一般是表达美好的祝愿，可以祝福自己的父母身体健康、事业顺利，也可以祝愿他们越来越年轻，有魅力。迎合时代潮流的吉祥话，送给父母非常受用。

对朋友则可以形式更加多样化，同龄人表达大家关心的比如学业、比如未来都可以给予美好的祝愿。

当然，我们是新新人类，撒得了娇、卖得起萌，俏皮话也可以送作

祝愿。比如儿童节的时候，祝父母节日快乐，愿他们像儿童一样永葆天真，他们一定会觉得非常开心。如果国庆节的时候祝愿妈妈节日快乐，把祖国比作母亲的同时，把母亲比作祖国，是不是也很有创意性？说出创意性的祝贺，恐怕妈妈也会被我们的机智所折服。但是创意不等于"犯二"，比如清明节时分，实在不适合用欢快和俏皮的表达。而重阳节放到还是中青年的父母身上，就把他们说老了，也非常不得体。

礼物的选择

在我的理解中，礼物的产生代表着付出与感恩。中国有句古话，叫做"礼轻情意重"。礼物本身的价值不在乎贵贱，而其中包含的情谊是否真诚深厚才是礼物的本身意义。

活用文具店

我们这个年纪最常接触的就是文具店了，其实在文具店中也可以为长辈、父母和朋友准备出好的礼物，只要礼物有创意、有意义，就会得到他们的喜欢。但是选择对方喜欢的东西则需要对他们的喜好和个性有深刻了解。比如可以送爱写字的爷爷一支笔，送爱看书的父亲一枚漂亮的书签，送给最近总是犯错的小伙伴一块橡皮，寓意擦掉过去的不开心和错误……

只要赋予礼物以含义，再简单便宜的礼物也会传达自己美好的祝福。

不可忽视的才艺

我们从小就被父母送去辅导班，年纪不大，但十八般武艺也算是样样涉猎。尤其是家里人过生日时，准备一个精心的特长表演也不错。唱首歌、跳个舞、写一幅字、弹一首曲子都是不错的选择，实在不行，朗诵一首诗给家人听，也可以表达自己对节日和纪念日的重视，表达自己的深厚情感。

DIY

如果要感动对方，花心思比花钱更有效，DIY 就是花心思的一种表达，哪怕是亲手给礼物进行包装，都足以显示自己的诚意。或者妈妈生日的时候，自己尝试给她煮一碗寿面，或者给爸爸捶捶背，都足以显示诚意。比起随手买来的礼物，DIY 的礼物更让人难忘。

电子贺卡

虽然手写纸质贺卡看起来更加有诚意，但是电子贺卡更加环保且传递也更为快捷，作为祝福的辅助手段，写一张电子贺卡发给许久没见的朋友，表达自己对对方的记挂也是拉近双方心理距离的好手段。

接受与拒绝

一年之中，我特别喜欢两个节日，一个是春节，一个是生日，能够拿到压岁钱和礼物，那种收获大家满满的爱与祝福的感觉真是不赖啊！

接受礼物

STEP1：

接受对方的礼物时要放下手中的事情，表示对对方的尊重，注意力应当放在对方身上，不要让对方觉得你不重视他。

STEP2：

对方递过礼物时，要双手接过，保持微笑和重视，并真诚表示感谢，到手的礼物不要乱放，应当表示珍惜和珍重。如果自己送给朋友礼物的时候，朋友意兴阑珊地将礼物随手一扔，自己肯定会受伤的！

STEP 3：

最好当着朋友的面拆礼物。每个人送礼物必定花尽一番心思，尽量当着对方的面拆开礼物，不但能够表达对对方的重视，也能表示自己对礼物的珍视。

STEP 4：

拆开礼物后，要表达对礼物的赞赏，肯定对方的心意和好眼光，比如赞美说："恰好是我想要买的！""你太了解我了！""礼物好棒！"这样表示，对方一定会很开心！千万不要对礼物品头论足，一会儿嫌弃礼物颜色不够好，一会儿嫌弃质量不够好，对方的心中一定会有一千匹羊驼奔腾而过！

记住，礼尚往来，找个机会，要进行回礼以表示感谢！

需要拒绝的礼物

不是所有的礼物只要有人送就一定要收的。

礼物本身不适合我们这个年龄和学生身份的。打个未必恰当的比方，小伙伴送红酒做礼物，大家还都未成年，这样的礼物是不合适我们的，可以礼貌地拒绝。还有就是如果送的礼物过于贵重，应该考虑拒绝，毕竟我们都还是学生，即便准备礼物，多半也都是父母买单，礼物的价格过于贵重，超出了我们正常的接受范围，应该退还。

父母的朋友因为某些事情有求于父母，而将礼物送给我的，即便礼物再合我心意，也应该考虑父母的立场，交由父母处理比较妥当。

拒绝的技巧

既然要拒绝对方的礼物，就要讲究技巧，如何能表达自己的感谢，又让对方不尴尬地收回礼物是我们应该细细琢磨的。

首先，婉言拒绝。要不失礼仪地婉言表达自己不能收下对方的礼物，即便不能收下，但依然要表示感谢。

其次，直言拒绝。比如不合适我们未成年人的礼物，可以直接告诉对方，因为自己未成年，所以这样的礼物不能收。

最后，事后退还。尤其是很多人在的场合中，对方送给自己礼物，无论是婉言拒绝还是直言拒绝都有可能让对方尴尬，这种时候先默默收下，待没有旁人或者是聚会结束后再向对方表达拒收之意，但是退还礼物不要时间拖得太久，一般要在一天内向对方表达拒绝之意。

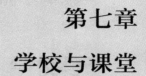

第七章

学校与课堂

《三字经》说:"亲师友,习礼仪。"

　　除了睡觉的八九个小时,我们剩下的时间,不是在学校,就是在去学校的路上,作为我们"00后"重要的生活学习场所,这里不仅是我们学习知识之地,也是培养自己的风度之所。

提问与回答

提问

明代政治家、文学家、思想家宋濂曾在《送东阳马生序》中提到了向老师提问时的做法:"余立侍左右,援疑质理,俯身倾耳以请。或遇其叱咄,色愈恭,礼愈至,不敢出一言以复;俟其欣悦,则又请焉。故余虽愚,卒获有所闻。"

宋濂说,在向老师提问的时候,他站在老师的身旁,提出疑难,询问道理,用躬身倾听的姿势向老师请教。有时候遇到老师的批评和呵斥,这时要用更加礼貌恭敬的姿态和神色对待老师,绝不张口反驳或撇嘴;等到老师神色愉快时,再向老师提问。虽然我很愚钝,但最终都能获得我想要的答案。

如今老师比过去要和蔼,很少发脾气或批评人,但是我们的礼貌也不如从前了,"俯身倾耳"的姿态也很少见了。提问时,本着尊重老师的

态度和求得知识的目标为行为基准一定不会错。

课上提问时，不要打断老师，可以举手致意，得到允许后再问问题，获得解答后，要向老师表示感谢。

课后提问时，则应该保持谦卑的态度，请求老师指导。如果是书本问题，要双手将书交给老师，请求解答；如果是口述问题，要多用"请"，并直视老师，切忌用随意甚至使唤人的姿态对待老师。

偶尔因为自己不能很好地理解老师的解答而令老师有点心急的时候，不要因为老师说自己几句就发脾气或放弃提问，应该向宋濂一样，更加真诚地表达自己对知识的求知欲。

老师的表扬、批评和误解

如何与老师相处

老师可以是师长，也可以是朋友。与老师相处融洽，可以让自己对知识更加感兴趣。无论是在学校里还是在校外，看到老师不要躲避，要主动上前向老师问好；在走廊相遇，打招呼后要主动给老师让路；如果老师手里拿着东西，应该主动上前提供帮助。

与老师对话，应该认真倾听，凝视老师的眼睛，保持稳重端正的姿态，对老师说的话要给予响应。

老师的表扬与批评

做得好时，老师不会吝啬表扬。在老师表扬自己的时候，应当向老师真诚地表示感谢，同时也不要因为老师的表扬就过分骄傲。

做错事时，受到老师的批评，要虚心受教，保持谦恭的姿态。遇到老师严厉批评，不要与老师顶撞，待老师气消时，再次向老师道歉，表示改过的决心并付诸行动。

误解

有时候因为特殊情况，自己也会受到老师的误解，元论事实如何，都不要在大庭广众下顶撞老师，不要打断老师的话，私下向老师耐心说明情况，注意用词和说话的语气，平心静气地讲清事实，千万不要像是狗血剧一样摔门扔东西。发泄不能够解决问题，摆事实讲道理才是正道。

如何向周围的人提出建议

如果不是很赞同对方的做法，可以通过提建议的方式表达自己的意见。对老师也好，对同学也罢，都应该真诚沟通，神色语气要尊重对方，如果随随便便把话说出口，很容易被人误会成自己是在找麻烦挑刺，不利于与老师和同学的交往。

除了讲话的方式，注意对话的场合也很重要，不要当众"拆台"，有建议可以私下沟通，但也要正式地表达，比如向对方约一个时间谈谈关于某方面的想法，让对方感觉到自己是郑重地而非玩笑般的，也同样有助于将建议好好地向对方传达。

书信是一种非常好的表达方式，真诚并且正式，写信本身就能够表达自己诚恳建议的态度，因此，遇到比较艰涩的建议时，觉得自己无论怎么表达都很难开口时，写信的方式也很不错。

同学间的竞争

前段时间观看了一个哈佛毕业的学生的公开课，他提到大学课堂上有很多讨论，讨论问题的质量也是衡量平时课业好坏的标准。如何进行高质量的讨论呢？那就是我和竞争者都要同样出色，只有竞争者是优秀的，与他比试甚至超越他的我也才能是更优秀的。

这样的例子同样适用于同学间的竞争。

胜者的态度

在学校里，我们常常处于竞争之中。考试、竞赛、竞选，似乎每一项都是与他人的竞争，但细细想来其实都是在跟自己比。只有自己提升了，才会有好的成绩。如果在比赛中，自己成绩优异，获胜了，一定要越优异越谦和，傲骄的嘴脸没有人喜欢。自己懂的知识，不要怕竞争就拒绝帮助同学，为同学解答疑难，分享自己的学习经验，与大家一同进步才是胜者的态度。

输者的气度

　　抹黑对手，就是抹黑自己。要有面对挫折和失败的能力，认输也是一种直面挫折的姿态，磨炼意志就从认输开始，知道自己的不足而后才会更加奋发。有不足，更要向比自己优秀的同学虚心请教，能打败自己的永远不会是别人，而是自己，要积累经验，再接再厉。千万不可因妒火中烧，背后说坏话，使绊子，这样不但输了成绩，更输了气度，丢了人格。

"同频道"朋友与亲密的界限

　　我们常说合得来的朋友是一个"频道"的，大家的喜好相似，对一些事情的看法相同，能够一起玩得开心，不知不觉就变成了好朋友。好朋友之间，一起学习、玩耍、交流自己的心情和对一些事情的看法非常好，但是朋友之交也有界限，属于亲密的界限。

　　亲密是有界限的，朋友间的相处应该是舒服的，不要为了统一步调而过多干涉对方，执着地认为大家是朋友就应该同进同出保持步调一致。每个人都是独立的个体，世界上不可能有一模一样的人，做朋友也要给对方空间，这句话尤其要送给关系好的女孩子们，有时候过犹不及。

"隔壁频道"的朋友

　　有合得来的朋友就有合不来的朋友，玩不到一块去，对事物的观点不一致，不证明对方就是错的，要始终对这样的朋友保持尊重，不要对"隔壁频道"的朋友指指点点，不要进行人身攻击或者起外号，也不要孤立对方。最大限度地尊重对方，求同存异，避开意见相左的问题。

如果自己和"隔壁频道"的朋友发生过摩擦，要试图用真诚的对话方式解开矛盾和摩擦，就事论事，有建议可以提出来，有错误和冒犯对方的地方也应该及时改正，尽管努力也未必能成为朋友，但也不要成为死对头。

寝室生活

青春期是我们慢慢成长为独立个体、慢慢脱离父母和家庭依赖的时期，学会独立和融入社会，寝室生活可以算是一个好的训练基地，与不熟悉的人共处一室，自然不会像在家里那样自由随便，和陌生人渐渐熟悉的过程，也是我们慢慢变成"小大人"的过程。初高中开始，选择住校，寝室生活里有哪些规矩要知道呢？

群居守则

无论几个人共处一室，都应该有一个群居的守则，这个守则是以不妨碍其他人为基础的。

第一，要把自己的领地"打扫"干净。每个人在寝室里都有一亩三分地，自己的区域要保持干净整洁，洗脸、刷牙、勤换衣物等个人清洁也要打理好，自己的整洁也是保持寝室整体环境的一部分，自己动手打

理保持，不能再像家里一样东西乱扔乱放，家长总不可能每天来寝室为孩子打扫。

第二，衣物晾晒不要霸道！做事情前要多为其他人着想，清洗衣物时不要一次性大量清洗，将阳台占满可能会影响到其他人的使用，且衣物要拧干再挂晒，不要影响到楼下。

第三，每个人的作息时间各有不同。在入住时，大家可以相互了解一下，自己的作息尽量不要妨碍到其他人，如果自己因为特殊情况需要晚睡早起，不要大声喧哗而影响其他人休息。

保持协商

寝室的空间小，室友多，很多资源都是要大家共享的，比如阳台、洗手间等公共区域。无论是公共区域的打扫还是公共区域的使用，不协商分配一定无法保持愉快的寝室生活，会出现早上抢厕所洗漱，也会出现公共区域没人打扫的情况，久而久之，就会产生矛盾。

因此，"约法三章"很重要。室友间可以保持协商，公共区域可以按照值日表分配打扫，水电的使用和费用的缴纳等事先协商。话说在前头，是预防矛盾发生的好办法。

如果需要长时间占用公共区域，可以提前通知其他室友自己的使用时间，这样做有点类似于预约，提前打招呼也方便其他人协调使用时间。

相互谦让

住在同一个寝室是一个随机事件，大家的性格、成长环境、作息等各不相同，在同一个空间下，摩擦和磨合是意料之中的事情。互相谦让，在发脾气前先站在对方的角度看问题，凡事退一步思考，谦让并不是示弱，而是优雅地表达自己的包容。

第八章

探病与照顾

我们这个年纪，探病的机会并不是很多，照顾人的能力也非常有限，但是了解一些探病的礼仪还是非常有必要的。最起码自己家中长辈生病后，我们随父母去探访，因为不懂规矩给病人带去麻烦是非常糟糕的事情，我们在慢慢长大，尽管我们还不能成为照顾人的主力，但是分担的角色还是有把握担当的。

探病的礼仪

保持尊重

病人生病期间不比平时，可能会忽视对自己仪容的打理，也可能生活无法自理，个人清洁可能未必如平时。探病时要对病人表示尊重，面对病房中可能遇到的排尿袋、痰盂等物品，不要表露出嫌弃的神色。

生病期间，病人一般都比较敏感，对病情也好，对自身的状态也好，都高度警觉，因而探病期间不要交头接耳，当着病人的面说悄悄话。比如我的爷爷曾经小病住院，我贴着爸爸的耳朵问爷爷的情况，爷爷误以为我们对他隐瞒病情，为此，我老爸对他解释了很久。

不给病人添负担，不给病人家属添乱。

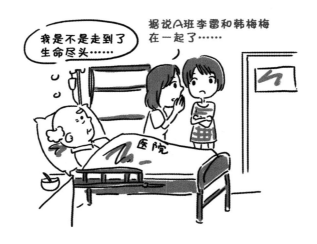

探病前应当打招呼

　　一般医院都有比较固定的探病时间，病人比较虚弱，接待客人比较辛苦，因此探病前向对方询问适合探病的时间段，尽量不要在病人午休或晚上休息的时候去探病。

探病的时长

　　探病的时间既不能太短，也不要太长，过短的探病没有诚意，时间过长会影响病人休息。一般在探病的时候要向病人打招呼并询问病情，祝愿病人早日康复，排解病人的压力，避免说"死"啊"病"啊等晦气的话，让对方不舒服，充分表达自己的诚意后，就可以告辞了。

"00后"的我们可以给予的照顾

别躲避，尽管我们还小，但照顾病人，我们也可以。至少家人生病时，我们可以做到：

嘘寒问暖

Cosplay护士的机会来了！虽然不是小时候过家家，而是真正的实战演习！询问病人的身体感受，比如有没有发烧？有没有头晕？感觉有没有好些？药是不是按时吃过？等等，不但可以时刻掌握病人的情况，发现情况不好的时候可以寻求其他人帮助。其次，贴心地关心家人的病情，这样的关切和温情有时比药更管用！

端一杯水

为病人端水送药，为他们盖被子，换降温的毛巾，其实很简单，只要有心都可以做到。端水喂药的时候，要注意药品服用对水温的要求，胶囊类的药品不能用热水送服，要准备冷水给病人，大多数药品都是温水送服的，遇到苦味很重的冲剂或口服液，也可以准备一颗糖。发烧降温的毛巾要时刻保持冰凉，随时检查毛巾的温度并按时换下，简单的拧毛巾的动作，也可以发挥大效用。

掌握求助的电话

家人在家中养病，如果只有自己在家陪伴，我们要掌握一些基本的求助电话，比如急救电话是120，父母的电话也要记牢，以防万一。万一发生需要临时送医的情况，不要慌张，拨打120紧急送医电话，再同时告知最快能赶到现场的亲友。当然，万分紧急之时，也可以求助邻居。此外，平时还应该积累一些必备的急救知识。

第九章

沟通与交往

百度百科里是这么解释"沟通"二字的:《左传·哀公九年》:"秋,吴城邗,沟通江淮。"这里的"沟通"是挖沟使两水相通的意思。现在所说的"沟通"二字,其实跟本意很相似,就是通过语言、行动等方式将两个人的心连接起来,再拉近一些。即便我们还小,活动范围主要在家中和学校里,但是沟通无所不在,而且我们总归要走入社会,多了解和训练一些沟通的礼仪和礼貌,可以避免将来碰一鼻子灰!

沟通的方式

面对面

眼神是心灵的窗口

一身精神，聚乎两目。想把你的真心展现给别人看，眼睛是第一扇窗。与人沟通，首先要果敢地与人进行眼神接触，你的精气神，最先用眼睛传达给对方。

看人的时候要注意眼神的角度。就好像看电影一样，有些镜头是从下往上拍的，人就看起来很伟岸；有些是从上往下拍的，人就会显得很渺小；如果平视，你就会觉得跟对方是平等的。我们在与人沟通的时候要注意视角，仰视是向对方表示尊敬，平视是与对方平等对话。抱着和他们好好相处的心而来，结果用斜视、俯视甚至是翻白眼的方式交流，合适吗？

尤其遇到长辈时，如果自己正站在高处，一定要尽量走到低的地

方，不要高高在上，低头看人，会被误解为不尊重长辈。

与对方沟通的时候，要注意注视的时间。眼神可以表达很多内容，如果交谈时"顾左右而言他"，会被对方解读为轻视。表示友好的时候，可以用温和的笑眼行注目礼；表示重视，可以更长一些时间注视对方；如果表示对对方的谈话感兴趣，可以表现得更加积极些，注视的时间也可以更持久专注一些，并在语言上给予回应。但如果和对方没有什么交谈，就不必一直死盯着对方，否则对方一定会非常不舒服，可能对方还会暗暗思考，是不是得罪过你呢！不过，最最糟糕的就是无视啦！那就是目中无人啦，切切不可。

微笑展现个人魅力

有一种说法，在很久很久之前，久远到人类进化之前，微笑的前身是一种防御姿势，看到有危险的时候，先朝着对方龇着牙，表示自己很凶狠，可是一旦发现对方是自己的同伴，就会把龇着牙的面貌改变成为微笑的样子。现在我们来想象一下，龇着牙和变成微笑的样子吧，是不是很有意思。

微笑可以给人带来愉快的情绪。小时候跟着父母出去，大人们常常说，这孩子笑呵呵的真喜庆！来，抱一抱。看，笑就有这样一种魅力和吸引力，是一个非常美好的标签。常以微笑示人，会形成一种非常和谐美好的气场，让对方感觉到舒服和愉悦，这是打破沟通隔阂的一件法宝。但切忌皮笑肉不笑啊，那绝对是笑比哭还难看的一个表情。你的笑如果不真诚美好，别人一定感受得到！

好了！现在让我们一同读一下"Y–K–K"，边读边照镜子，嘴角是不是有个完美的弧线呢？

服饰能反映人的性格和情绪

一个人的品位和性格可以从他的服饰上看得出来，这有点类似于看到无印良品就会想到简洁和环保、看到 Lady Gaga 就会想起她的张扬个性。与人交往，穿衣得体尤为重要，服饰表达出你想带给对方的第一印象。作为学生的我们，可以青春可爱，也可以朝气蓬勃，但是如果戴着夸张首饰，或者衣着邋遢，我想，应该不会有人喜欢和你做朋友的。与人交往，穿衣打扮上也要预防"中二病"。

巧借话题，掌握交谈主动权

得体的言语好比挖沟通渠的铁锹，可以让人毫无阻碍地交流下去，酣畅淋漓，如沐春风，所以善于打开话匣子非常重要，千万不要做一个冷傲者。

如何打开话匣子呢？首先要学会观察对方和周围的环境。寒暄一下的意思，就是从聊一下天气开始。古代人真的是聊"天"的，所以不要担心没话题，可以称赞对方的穿衣品位，也可以关注最近的新闻热点，最新上市的书籍，等等，把握细节，素材千千万万，没准有一个话题就恰好是对方也感兴趣的。

其次，讲话要讲究逻辑。话题可以由此及彼、由点到面，但无论聊什么，都应该至少要对方听得明白，思维太跳跃，一会儿说这个，一会儿说那个，会让对方找不到方向，话就接不下去了。当然，如果我们懂得不多，以求知的态度与对方沟通也是不错的选择，这种情况下变成问题宝宝也不错，化被动为主动。一双求知若渴的大眼睛可以激发对方谈话的欲望和兴趣。

再次，Fashion 的用语可以让聊天变得生动。如果问我们"00后"是哪个星球来，我们肯定自诩火星人，当然也就最擅长火星文，年纪小就是对时下的流行敏感度高，这是我们与人沟通的优势。让自己变得有趣，也是聊天的法宝。每个人都喜欢跟有趣的人多说几句！如果能紧跟流行趋势的步伐，甚至还会一些小小的适度风趣的模仿，那就更可爱了，比方说，学学某人在脱口秀里说"完美"时的姿态！

最后，开玩笑要注意分寸，不要得意忘形，有失礼节，显得很没家教。不要随意打断对方，不要恶意给对方拆台，这样会成为社交场合不受欢迎的人。

电话

打电话的时候只能通过语言和语气来传递信息，不像面对面时可以通过表情、目光和姿势来表达自己的意图，因此打电话的时候需要更加注意自己的用词和语气。接电话时应该客气有礼，跟长辈通话应该热情而积极，应该在对方挂断电话后再挂断，抢着挂电话是非常不礼貌的行为。电话沟通时，言语应当简短精练，传达清楚意思即可，千万不要没完没了煲电话粥，可能你还在絮叨不止，而对方早就已经在电话那头翻白眼了！

社交网络

QQ、微信、朋友圈、论坛社区和弹幕，移动互联网时代，世界无处不沟通，不连接，我们可以表达的渠道变多了，但是我们的表达方式不可以肆无忌惮，尤其在公共平台上的留言和评论，也应该有理有节、有根有据，不脑残、不放肆，不对人进行人身攻击是最起码的底线。

文字比起语言还要苍白一些，所以用文字沟通的时候，可能因对方揣测不出语气而产生误解，此时应该活用表情包，一个微笑、一个傻笑、一个 wink，都可以让文字生动起来！

沟通的态度

同理心

啥是"同理心"？问一下"度娘"就知道了，同理心就是进入并了解他人的内心世界，并将这种了解传达给他人的一种技术与能力。

我的理解是，同理心就是读心术＋感知力。读心术是理解力，重点在于要"读"，这是一个非常主动的字眼，不在于理解程度，而在于是否有意愿去理解。

培养同理心，前提是要学会尝试去理解对方，站在对方的角度去理解问题，而非两个人沟通的过程中，对方讲对方的，而我想着我要讲的。沟通是双向的，要是只有唱戏的，没有鼓掌的，哪里来的共鸣？其实同理心有点像大家崇拜的 TFBOYS，三个正太在台上卖力演唱，台下要有一堆粉丝卖力呐喊才可以哪！

同理心也是一种感知力，通过对方的表达，能够感知其传递的除言语外的信息，嘴角的微微抽动可能是内心的伤感，迟疑的眼光可能表示对方想说而犹豫的话，等等，通过对这些要素的感知来寻找话题并给予情感的呼应，这才是沟通的美好姿态。

沟通的分寸

沟通有所禁忌，人和人之间总有安全距离，好像电脑自带的扫雷游戏一样，只是鲁莽行事，就会踩到雷炸掉。

禁忌1. 不要过分打探对方的隐私。正如我们也不喜欢把自己的成绩单给家长看一样，以此类推。

禁忌2. 直肠子虽好，但是要分场合。说话要讲究方法，即便对方谈论某个问题有偏差时，也不要当众直截了当地大喊，让对方难堪，千万不要得理不饶人。

学会倾听

听，笑皃。从口，斤声。

倾，仄也。从人，从顷，顷亦声。

——《说文解字》

也就是说，"倾"的本意是人伸着脖子的样子，而"听"最原始的本意则是用耳、用心留意别人说的话并大笑的样子。倾听是多么让人愉快的事情啊，从古时候起，"听"就有了让人开心的反馈！

因此，学会倾听是我们面对人际交往必须的一课。倾听，既要摆出听的姿态，也要有会心的反馈。如果对方给出建议，那么我们就应该虚

心地听；如果对方有情感上的表达，我们就应该用心体会。可能会遇到话痨一样倾诉欲望很强的人，不要丧失耐心，也不要打断人家的话，合适的时机转换话题，可能是个更好的办法。

无论是漫不经心地听对方说话，还是一心二用地一边刷手机微信一边跟对方搭话，都是非常不礼貌的行为。所谓"交心"，就是心门打开难，关上却很容易，有时可能会因为一个小小的细节，导致沟通的阻塞。

避免较真

沟通是一种过程，不是一个结果，不要对对方太过挑剔，好像"大家来找茬儿"一样给对方挑刺，太过较真，会给对方带来很大的压力。

不要拘泥于小圈子

古有青蛙坐井观天，今有宅男宅女躲在家中。即便不躲在家中，也不喜欢与人交往，单单朋友二三，用一个小的人际圈子围住了自己。

我们年纪还小，为什么好像已经退休养老了呢？不要拘泥于小的圈子，外面的世界很精彩，遇到各种各样的人，吸收各种各样的新鲜事物，有句话说，读万卷书不如走万里路，广交朋友，我们的眼界也会开阔。任何人都可以成为自己的朋友，既要尊重人，也要避免被圈子束缚、被年龄束缚、被知识束缚，保持一颗开放的心！

第十章

公共场所

公共场所有很多需要遵守公德的细节和礼仪，比如乘车、搭飞机、坐轮船等出行方式各有一番守则要去遵守，我们能做到的就是不给这个社会"添堵"！公共场所不像在家中，是社会成员共享的空间，只有遵守秩序，甚至要比遵守秩序做得更好，才能让社会更精彩！点滴细节，从我做起！

排队与礼让

中国人多，不排队的时候真的少之又少。早上爸爸开车送我去上学，路上要排队；中午在食堂吃饭，依然要排队。排队作为社会秩序中最基本的手段，出现在我们生活中的方方面面。有关排队，不必多言，有以下几点需要注意：

（1）不要喧哗，安静地排队，静静等待轮到自己。公共场所大声叫喊，呼儿唤女的，都是讨人嫌的做法。安静做个萌妹子和美男子，感觉自己萌萌哒！

（2）不要插队，任何的插队都是建立在拖延其他人时间的基础上的。如果遇到不要 FACE 的大哥直接插队，一定要坚决拒绝！大哥，路可以走，队不可以插！

但是遇到年老体弱的老人、孕妇、残疾人的时候，可以主动让出自己的排序。

（3）避免推倒或者触碰他人。本来因为排队等待，大家都处于焦虑

电梯的乘坐方式

懒就是我们"00后"的一大特征，这也不能怨我们，从我们出生开始，这个世界就变得越来越方便了。电梯，我们生活中不可或缺的工具，商场里有扶梯，小区里有箱体的电梯，那么看似非常平常的乘坐电梯这件事到底还得注意啥？

箱体式电梯

先来个情景剧。

地点：小区电梯里。

人物：老大爷和帅叔叔。

剧情：老大爷看到帅叔叔要往电梯中走，立即按下关门键，打算直达自己所在的楼层，说时迟那时快，帅叔叔一条大长腿迈进了电梯。这时，电话响起了，帅叔叔用100分贝的音量大吼："神马？股票又跌了？

哎哟我去！我打算直接去天台了！￥%＆……"这时，老人准备出电梯，帅叔叔仍然在电梯口发牢骚，不巧，老人家忽然打了个喷嚏，朝着帅叔叔……

没错，这个有点儿脏兮兮的剧情是我编的，看过脑补一下后是不是胃中在翻滚？哪里不对？

老大爷看到有人想进来，应该帮忙按住开门按钮让帅叔叔进来；电梯间内应该保持安静，帅叔叔即便被股市坑了，也应该尽量小声讲话；到楼层了，帅叔叔应该给老大爷让路，方便他出电梯；老大爷应当用手遮住自己打喷嚏，避免帅叔叔被喷嚏洗礼……总之，故事里帅叔叔帅得没气质，老大爷也完全不慈祥。

公共扶梯

看过跑男吗？他们为了撕名牌在扶梯上下奋力奔跑，我们也好想帅气一次哦！我们也好想演哦！

然并卵。人家跑的时候，商场都是关门的呢；人家跑的时候，字幕上总是提醒我们请勿模仿呢。

这个故事告诉我们，扶梯上打闹是一件不被旁人接受且还有危险性的事情。乘电梯的时候，最好乖乖的！

在火车站或机场的时候，常常有人为了赶时间希望加快速度奔跑，

如果这时我们杵在扶梯中间，对方的心中一定会有一万只羊驼奔腾而过的！根据大陆的习惯，右侧行走，走到扶梯上的时候，自动让出左边，这是方便他人的一种礼貌。

电影院

电影院里有几种烦人精：边看边聊天还不断剧透的，开场才进门的，手机响不停的，爆米花满地扔的，反应过度踹椅子的，脱鞋把脚搭在前座靠背的……

按时入场、不大声喧哗、手机静音、离场时收拾好垃圾和剩余的爆米花、保持礼貌坐姿，打扰到别人的时候及时道歉，这些难么？SO EASY！

第十一章

聚会与面试

《傲慢与偏见》的电影中，女主角伊丽莎白和几个姐妹一起参加舞会。舞会上，伊丽莎白的妹妹一直在弹琴唱歌，被她的父亲制止，另外一对姐妹花在嬉戏大笑，伊丽莎白的母亲不断在向其他人吹嘘大女儿的美貌……男主角达西对女主角的家庭评价不高，大抵就是因为伊丽莎白的母亲和几个妹妹在这样特定场所的表现有所失礼的关系吧，而伊丽莎白觉得达西傲慢也是从他在男伴较少的情况下拒绝邀请女士跳舞开始的。

　　如果《傲慢与偏见》不是一部小说，那么男女主角大概不会在一起吧。一些特定场所中一个人的表现直接代表了他的素质，尤其是在初次相识的人眼中，第一印象的好坏基本是盖棺定论的。

聚会的礼仪

西餐

　　国内的餐厅渐渐多了起来，除了中餐外，日式料理、韩国料理、西餐等也渐渐成为小伙伴们新的选择。如果在国外留学，以西餐厅作为聚会的主要场所自是不在话下。与日式、韩式料理至少都使用筷子不同，西餐都是动刀动叉的，刀刀叉叉的还特别多，用不好的话，聚会吃个饭还被人家笑话就倒胃口了。

　　A. 餐具的摆放与上菜的顺序

　　叉子、刀子都长得太像？我脸盲了啊，比如鱼刀、肉刀、奶油刀什么的……好混乱，没开始吃就开始犯晕了……有时候，掌握一种用餐礼仪有点类似于考试打小抄一样，记不住餐具的样子，总能记住餐具摆放的位置，根据摆放的位置来取用用餐，可以保证不会出大差错。而且一旦记住了餐具的位置，连上菜的顺序问题也迎刃而解了。

正式的西餐宴会，座位前摆着垫底的盘子，左叉右刀，羹匙在刀右侧。从右开始，从外向内相对应的一般是餐前食用刀叉、吃鱼用刀叉、最内是吃肉用的刀叉。使用餐具的时候，一般都是从外向内使用的，跟上菜的顺序是一致的。换言之，上菜若是有前菜又有鱼有肉，连餐具的摆放都不用记住啦，只管从外向内依次使用就可以啦！

还记得电视剧里两个人一起吃饭吃得差不多的时候，总要来一份甜品吗？甜品就是最后上来滴，而甜品用的刀叉一般横向摆放在垫底盘子的正上方。

总结一下就是根据上菜的顺序，从外向内取用餐具，甜品刀叉不在盘子的左右，而是在正上方。

B.刀叉匙的用法

关于刀叉匙的用法，请它们自行跟大家做以下讲解。

刀子说：碰我请用右手，但是我的后背怕痒，千万别用你的食指碰我的背！我天生喜静，哪怕做苦力的时候，也非常反感跟盘子摩擦出讨厌的声响！

叉子说：我不跟刀子争，我喜欢左手！当我跟刀子通力合作的时候，我喜欢埋头（叉齿向下）用力，当我靠一己之力将食物送进主人嘴里的时候，我喜欢仰着头（叉齿向上），以显示我的厉害！

匙说：我比较傲慢，不是什么场合都出场的，有汤的时候我才出场，左手不要碰我！

刀叉说：我们一般在攻下一道菜的时候才能在盘子上肩并肩（并拢），如果没把菜全部送到主人的嘴里，主人一般喜欢让我俩勾肩搭背（十字摆放）。

各位小主，听完了刀叉匙的说明后，大家理解了没？

自助餐

自助餐应该是除了快餐外最自由的用餐方式了，因为自助餐聚会的话，不需要考虑自己坐在哪里，讲究也比较少，用餐的时候大家都会比较愉快，关键是可以自主选择的种类也非常多呀！

再自由也是有限度的，吃得开心，取之有道。聚会的时候，取了餐以后，应该等到小伙伴们都入座后再开始一起用餐。

A. 取餐的规则

首先，餐厅一般都有一个设定的方向，取餐的时候，要按方向排队，不要逆向而行，为了抢食物而插队那就太太太丢人了！

其次，就是取餐的量的问题。喜剧片里的搞笑片段常常有一个场景，那就是取餐的时候，一个盘子里装了比天高的食物，把食物叠成柴禾垛。但要是在现实中自己也打算这么做，那什么，你想搞笑我不拦着你了，但你确定你受得了我们那鄙视的小眼神吗？本来嘛，自助餐的乐

趣就是一次次跑去拿喜欢吃的东西呀！

再次，不要用用过的餐具再去拿菜，一般我们都会犯的错就是我们以为用用过的餐具再去取食非常环保，比如省得餐厅不断洗盘子啦，但实际上这是非常不礼貌的。

最后，别光顾着吃，自助餐形式可以让自己跟聚会的朋友们更加轻松地交流感情，还有啊，吃不了，别兜着走！

B.取餐的顺序

先吃什么，后吃什么，也有一点儿门道，一般情况是先吃冷菜，然后是汤、热菜、点心、甜品和水果。所以建议去自助餐厅后别着急下手，可以先熟悉一下地形再决定，尽量合理取用，避免浪费。

舞会

舞会是一种社交性聚会，通过舞会，人际交往会呈现一种轻松愉悦

的氛围。我们小时候跟父母参加舞会，如今渐渐长大，也可以参与一些舞会，在舞会上跟朋友交往沟通，舞会是一种非常适合交流的形式，可以扩大自己的朋友圈，结识新朋友。

A. 仪容

正式受邀请参加舞会，千万别搞行为主义，什么杀马特发型啊、脏兮兮的牛仔裤和破破烂烂的运动鞋之类的都不适合。

参加舞会前，洗个澡、打造一个合适自己的发型，还有要注意口气，避免尴尬。

对我们的年纪而言，化妆总是有那么点尴尬。老师父母始终觉得我们的素颜更美，满满的胶原蛋白。但每个女孩子都有化妆成公主的向往，这时舞会就是最适合的场合了。由于舞会上的灯光比较讲究，所以舞会上的妆容可以浓一些。

舞会上总是要跳舞的，女孩子应该穿得端庄一些，过短的紧身裙不庄重，也不方便配合跳舞的动作，容易走光。穿雅致的裙装、配上带跟的鞋子，Perfect! 男孩子可以简单一些，西装一套即可。

千万别在规规矩矩的舞会上 Cosplay，帽子、墨镜、拖鞋等统统不适合。女孩子走淑女路线，男孩子像个绅士，此时不走高大上路线，难道打算屌丝一辈子吗？

B. 舞会上我们该知道的事

邀请舞伴跳舞时，一般都是男孩子来邀请，女孩子保持矜持，男孩子邀请，女孩子可以不应约，反之，男孩子是没有选择权的。不过，一般情况下，除了特别讨厌的，女孩子尽量不要拒绝，扩大自己的交际圈，就应该时时刻刻保持礼貌，实在有特殊情况要拒绝人家，一定要委婉地表示，别一下女汉子附体，来上一句："人丑，不约！"这么一来，自己

有可能变成"心里不美，不约"的对象了。

根据惯例，在舞会上一对舞伴只适合共舞一曲。接下来，交换舞伴去多认识其他人也是极好的。

面试礼仪

说起面试，一句话，吓死宝宝了！

虽然还没有进入社会，可我们的面试机会也不少，基本上是从幼儿园入园开始，面试就陪伴着我们没有离开过，去少年宫学舞蹈、升学、参加社团、参加公益组织和志愿者团队，我们也算是竞争不止、面试不息的一代了！

面试想要通过，一些小细节不能忽视。

面试前

从进门开始，就已经在面试了，在等候区的表现也常常被纳入面试人员的印象中去，大声喧哗、谈天说地并不能体现出自己的活泼，只能说明你很聒噪、毫不稳重、不会看颜色。

打扮

穿衣打扮总的说来就是整洁清爽，也要根据面试的内容来考虑自己应该穿什么。面试公益组织或者升学的时候，可以正式稳重，展现自己良好少年的形象；参加社团的时候，可以考虑社团性质，运动社团可以走运动风，表演社团可以根据自己想要展示的特长来选取合适的着装。除了衣服外，务必记得擦鞋，谁也不喜欢小邋遢！

与面试官面谈

面对考官的时候，主动且有礼貌地打招呼对面试非常有帮助，考官与自己互动时，要保持大方自信，不要畏畏缩缩，相信自己的状态是最好的。无论面试官多么严苛，"谢谢"、"请"和"对不起"常常挂在嘴边不会错，伸手不打笑脸人，回答问题的时候要保持微笑和沉稳放松，注意用词。

时刻注意面试官的反应，如果对方觉得自己的回答特别枯燥的时候，就别像个话痨一样没完没了，学会控制情绪，避免与面试官发生争论，无论是面试官的表扬还是批评，都要淡定看待。坦诚地表达自己，不回避自己的短板。有时候，面试官不是很在意我们回答的结果，而是更加注重从回答问题的过程中体现出的品质和态度。

保持端正的姿态，脱帽、摘墨镜，不要晃腿、转笔，小细节恰恰容易将弱点暴露给对方。

第十二章

旅行在外

世界那么大，我想去看看！外面的世界那么精彩，趁着暑期寒假，偶尔拉出去遛遛，甭提多开心了！除了跟爸妈自驾出行外，跟团游是最普遍的观光形式了。

　　每次很头疼的就是不幸运地遇到一些不按章法出牌的团友，本来打算着"睡起嗨"，结果因为他们就会崩溃到CRY。别怪我乡话多，确实是因为他们真不会玩啊！

不要给别人添麻烦

知足知不足，有为有不为。与人同行，不要给人家添麻烦嘛。心态上应该像 TVB 电视剧里的台词一样：哎哟，出来玩嘛，最重要的就是开心啦！不开心？我给你煮碗面吃……

一个团的团友要互相保持友善的态度，常常微笑打招呼，互相礼让，一个旅行团的愉快程度，很大程度取决于团队的融洽程度。

导游在旅行中给大家做讲解的时候，不管听懂听不懂，也无论对方讲得好与坏，都别显得不耐烦，这不但会影响导游的情绪，也会影响团友的情绪，如果对导游的讲解有不了解的地方，可以等讲解后再提问。

吃东西的时候常常是团餐或者自助餐，不要自顾自地抢着吃。不要为了霸占优质美食两眼放光，好像是抢金子一样迫切。虽然是个吃货，也要做个优雅的吃货嘛。

给自己长点脸吧！标识着"NO PHOTO"的地方，就不要偷偷摸摸地按下快门，不能用自拍杆的地方，就好好收起来。进入寺庙、教堂等

观光点，保持肃静，要按照观光顺序走，景区到处都是个人，逆行也很容易撞鼻子的！大家在一起是一个整体，不做团队的拖油瓶。

别让人等

旅行团里要是多了一个"拖拉机"真是罪过，脑补一下：早上集合的时候，有人没按时出现，等……景点自由行约好了上车的时间，又有人没出现，等……逛街的时候，又有人忙着买、买、买，等、等、等！

那么问题来了，请计算一下其他团友心理阴影的面积以及团友对此人产生反感的概率……

自己讨厌别人怎么做，自己就不要这么做。遵守时间，把表稍稍调前10分钟，让自己的行程安排更加宽松一些。花钱出去玩，既不会遭人白眼，也不会行路匆忙，于人于己，心情都是棒棒哒！

离队交代去处

老师经常教育我们要有组织纪律性，旅行团也是个组织嘛。一般旅行就是上车睡觉，下车尿尿，到点拍照，但也会有些自由活动时间。都说 Beauty（美丽）这个词有着深刻的含义。请大家将 BeaUtY 大写和小写字母分别组合，便会看到 BUY 和 EAT 这两个词，也就是说，只有吃吃吃和买买买，心情才是美美的。团队好不容易才自由行动，一个高兴就容易忘形，最后，导游气得不行，可能是在外省、可能是外国会上演千里寻"亲"的戏码。

为了避免狗血剧，自主出行前，务必将自己去哪里、去干吗和啥时回来告知导游和团友，如果是几个小伙伴独自出行而没有家长陪伴的话，跟家长也应当告知一下行程，以防万一，让别人放心，就是还自己一个安全。

入住别人家中

暑期的时候，我跟着游学团去美国体会做了一次"留学生"。游学对我们而言越来越不陌生了，去国外读书、上课，与当地人交流，住在外国人家中体验，这种国际性、跨文化、体验式教育模式让我们这些"关在笼子里的金丝雀"有了一次自由飞翔的机会。

"外面的世界很精彩，外面的世界很无奈"，国外不如家里啊，出去一个月，回来后像个小难民，觉得国内什么东西都无比好吃啊，煎炒蒸煮炖样样齐全，还有热水喝啊，与当地人一起同吃同住、同居同乐其实是接受一种文化的过程，里面有很多门道。

尊重隐私

中国人见面喜欢闲话家常，比如多大了啊？家里人是做什么的啊？挣多少钱啊？但外国人不是很喜欢这样的话题，算是一种冒犯，跟问一

个胖美眉体重多少的感觉是一样儿一样儿的。虽然我们跟合宿的家人可以热情拥抱，但在相处时还是要泾渭分明的。入住的时候问问人家有哪些规矩比较好，明确的部分多一些，摩擦的部分就会少一些。

不要想当然

见过西方人拿着炒锅颠勺儿吗？西方人家的厨房很多东西都是用烤箱的，油烟机并不像国内的那么给力，厨房多半是开放式的，如果我们游学的时候非常想吃番茄炒蛋，大概从用油爆香的时候，房主就会报警了吧？

"天哪，厨房着火啦！"

不要怪人家大惊小怪啊，他们是不炒菜的啊！

使用房主家的器具，还是问一下使用说明以及多多使用一些"May I……"这样的句式吧，少自以为是和想当然，鼻子下面是张嘴，要做什么之前先问问，类似于给自己的大脑刷新升级一样，不会出错的！

第十三章

国际交往

越来越多的小伙伴选择去国外留学，也有越来越多的小伙伴到国外观光、交外国朋友，可有句俗话说：十里不同风，百里不同俗，不同地域、不同国家的人，风俗自不相同，如何不卑不亢、不傻不二地进行国际交往，考验着我们"00后"的智商和情商。

入乡随俗，客随主便

《礼记·曲礼》曰："入境而问禁，入国而问俗，入门而问讳。"意思是到了人家的地盘，要问问人家有什么禁忌；到了其他国家，要问问有啥习俗；到了别人家里，要了解人家的忌讳。到什么山上唱什么歌，不要闹出笑话来。

其实入乡随俗就是换位思考啊，如果外国人来到我们国家，我们自然也希望他能够尊重我们的习俗和习惯，每每看到老外的另类作风，我们也常常感觉 HOLD 不住。同理可证，去了国外，本来外国友人很热情地招待，可是自己无所顾忌，让人家感觉被冒犯了，一盆子冷水浇灭人家的热情不说，还给自己、自己的父母掉了价。再上升一个高度来说，中国的国际形象被自己给抹了黑呀。

去外国前应该充分了解该国的基本风俗习惯，对自己的外国小伙伴要保持尊重，掌握对方的喜欢和不喜欢，避免对对方的失礼。到了国外后，最大限度地尊重对方国家的传统和风俗，同时要保持不卑不亢的交往态度。

通用的礼貌

　　表现的形式虽然有所不同，但礼貌待客、爱老扶幼、不搞歧视、尊重女性、公平待人、尊重他人的宗教信仰、遵守时间等一些基本准则符合大多数民族和国家的价值取向。世界包罗万象，去了国外，可能会遇到不同肤色的人，也可能遇到不同民族的人，要始终怀着包容和开放的态度对待新事物，无论遇到什么种族的朋友，都要有平等尊重的礼貌态度。

　　要了解一些不会出错的用语。国内我们常常用"你吃了吗"这样相互问候，但是西方人并不习惯这样的打招呼方式，中国特色的语言，未必全世界通用，有些国家喜欢分成"早上好、中午好、晚上好"，但都一样，不外乎"你好"二字，加上友善的眼神，是迈出国际交往的第一步。想走遍天下，记住八个字"你好、请、对不起、谢谢"，在打招呼时，在请求帮助时，在失误或打扰他人时，在表达感谢时，根据需要将这八个字排列组合，至少可以做到不失礼节。

避免一些讨人嫌的行为。避开隐私，不询问对方的年龄、婚姻状况、收入情况，这样的闲话家常在除了中国外的大部分国家都被认为是特别不礼貌的（虽然在国内这样的询问也称不上礼貌）。

交谈的时候，千万不要像喜剧片里演得那样，朝着人家咳嗽、打喷嚏、满脸喷饭。在我妈妈看的那些韩剧里，凡是女主角喷饭喷中的男主角，最后都爱上了女主角，我相信这一切绝不是喷饭的效果，我猜要不是因为男主角被喷了饭，使男主角产生了厌恶和脏的感觉，促使对女主角产生好感的时间变得缓慢，大概100集两人才修成正果的电视剧，可能10集就可以结束了。

交往时，多商量和相互建议，少不懂装懂，避免命令式的口吻，尽量少用否定性词语。少自我为中心，转换成他人视角来看待问题，把直接的否定"我不同意"某种建议转化成另一种提议"你觉得如何"，会使对方减少不适感。避免炫耀和吹嘘，玩虚的，吹牛皮吹破了咋办，丢脸不说，还让人感到非常浅薄。

适宜的 Body Language

　　不会外语全不怕，比画走遍全天下。体态语能够很好地帮助外国人理解我们说得并不很标准的外语，同时通过他们的体态语，我们也可以很好地捕捉对方的情绪和行为表达的意思。

　　与朋友见面，一般情况下，欧洲人喜欢握手，中东国家的朋友喜欢拥抱，日本、韩国习惯于鞠躬致意，泰国的"萨瓦迪卡"一般都是双手合十来打招呼的，巧记这些细节，不会出大状况。

　　其实中外还有很多肢体语言相似的地方，比如挥手表示再见，耸肩表示不认同，皱眉表示不太高兴，鼓掌表示祝贺，点头表示 YES，摇头表示 NO。不过，也有点头表示 NO，摇头表示 YES 的，比如保加利亚、希腊的部分地区和伊朗。

送礼

　　给外国人赠送礼物不是越贵越好。昂贵的礼物会让外国人感到有负担，尤其是西方国家的朋友，在看到价值不菲的礼物时，会产生些许防备心："你是不是对我有所求？"被误解为有目的性的馈赠，那么就失去

了送礼表情谊的意义。

首次拜访外国友人，送什么好呢？我想，中国特色的纪念礼品是首选，比如京剧脸谱挂件啊，江浙产的丝巾和刺绣啊，毛笔、山水画扇、梳子、剪纸、中国结等装饰品。

也可以选择茶叶、中国点心等礼物，但是有肉的制成品，比如金华火腿一类的，因为海关控制，不好出境，要尽量避开。据说现在"老干妈"在国外非常受欢迎，除了留学生以外，也受到了当地人的推崇，所以一些美味的中国调味品应该也非常合适作为礼品馈赠。

还有全世界都喜欢 PANDA ！熊猫玩具也可以成为一种伴手礼。

如果是参与外国友人的聚会，可以选择一些实用性的礼品，比如一瓶红酒或者是香槟。当然，如果自己是个动手小能人，做个派或者蛋糕当伴手礼也是不错的选择。

告别致谢

　　去外国友人家里做客，既不要去得太早，也不要迟到，准时到场最为合适。同时，"聚散终有时"，不要在朋友家里赖着不走，把握好告别的时机，在主人安排的行程都结束之后，就应该适时表达去意，衷心地向对方表示感谢，再三告别致意，同时，也可以真诚邀请对方到自己家里做客。